DIREITO UNIVERSITÁRIO
e educação contemporânea

D598   Direito universitário e educação contemporânea / coordenação de
André Trindade ; colaboração de Paulo Ferreira da Cunha e Edval
Luiz Mazzari Junior. – Porto Alegre: Livraria do Advogado
Editora, 2009.
128 p. ; 16X23cm.

ISBN 978-85-7348-626-1

Prefácio de Prof. Dr. Germano Schwartz.

Inclui referências.

1. Direito universitário. 2. Direito educacional. 3. Ensino Superior
- Brasil. 4. Universidade – Direito brasileiro. 5. Educação –
Sociologia. 6. Pedagogia – Poder – Direito universitário. 7. Política
educacional. I. Trindade, André Karan. II. Cunha, Paulo Ferreira
da. III. Mazzari Junior, Edval Luiz. IV. Título.

CDU 378:342.4(81)

CIP-Brasil. Dados Internacionais de Catalogação na Publicação.
(Ana Lucia Wagner – Bibliotecária responsável CRB10/1396)

André Trindade
(Coordenador)

DIREITO UNIVERSITÁRIO
e educação contemporânea

Paulo Ferreira da Cunha
Edval Luiz Mazzari Junior
(Colaboradores)

Porto Alegre, 2009

©
André Trindade
Paulo Ferreira da Cunha
Edval Luiz Mazzari Junior
2009

Capa, projeto gráfico e diagramação
Livraria do Advogado Editora

Revisão
Betina Denardin Szabo

Direitos desta edição reservados por
Livraria do Advogado Editora Ltda.
Rua Riachuelo, 1338
90010-273 Porto Alegre RS
Fone/fax: 0800-51-7522
editora@livrariadoadvogado.com.br
www.doadvogado.com.br

Impresso no Brasil / Printed in Brazil

Prefácio

O ramo de estudo das implicações da vida universitária no mundo do Direito ainda é um terreno pouco explorado pelos juristas. De fato, são poucas as pessoas cuja área de atuação profissional possa ser classificada como direito universitário, ou, quem sabe, direito educacional (ou da educação).

Nesse sentido, e sem saber o que vem antes, inexiste aprofundamento doutrinário a respeito da temática. Uma simples busca nos "achadores" do mundo virtual trará um quase que imediato desalento ao interessado. As obras são raras e nem sempre estão adequadas à pesquisa.

O presente livro vem, portanto, abastecer a necessidade de uma crescente exigência do sistema jurídico, altamente diferenciado/especializado. A quantidade de demandas e de questionamentos advindos da abertura vertiginosa de novas Instituições de Ensino Superior no Brasil foi uma das causadoras da complexidade dessa nova vertente do Direito. Uma interessante simbiose.

Além disso, a qualidade dos textos é inegável. Frutos de rigorosa produção intelectual e de maturidade investigatória, os autores tratam seu objeto com a devida imparcialidade, típica dos pesquisadores natos. Entre a pedagogia universitária e as fontes do Direito Educacional, está-se diante de estudos acurados e sérios. Um inegável alento em épocas de farta – e não necessariamente boa – produção acadêmica.

Por fim, os autores são grandes amigos, daqueles que a vida nos apresenta, e, por causa de seus caminhos tortuosos, coloca-nos em permanente contato. Isso traz uma dificuldade (escrever um prefácio corretamente) e uma alegria: o livro mata a saudade, como uma foto antiga em um porta-retrato (mesmo que digital!). Que os leitores experienciem, também, pela leitura da obra, um pouco desse sentimento.

Rio Grande do Sul, Verão de 2009.

Prof. Dr. Germano Schwartz

Sumário

I. Autonomia Universitária e Direito Educacional
André Trindade e *Edval Luiz Mazzari Junior* 9
Introdução 9
1. O direito educacional 11
  1.1. Conceito de educação 11
    1.1.1. Educação e Sociologia 14
    1.1.2. Educação e desenvolvimento econômico 15
  1.2. Conceito de direito educacional 17
    1.2.1. Direito educacional como disciplina autônoma 20
  1.3. Fontes de direito educacional 21
    1.3.1. Lei 21
    1.3.2. Jurisprudência 23
    1.3.3. Costume 24
    1.3.4. Doutrina 25
  1.4. Princípios do direito educacional 26
  1.5. Direito à educação como direito fundamental 32
  1.6. A educação e as constituições brasileiras 33
    1.6.1. A evolução da educação nas Constituições do Brasil 34
    1.6.2. A educação na Constituição Federal de 1988 37
  1.7. Direito educacional comparado 41
2. A universidade 43
  2.1. As normas reguladoras do ensino superior 43
  2.2. Tipos de instituições de ensino superior 45
  2.3. O início das universidades 48
  2.4. As universidades no mundo 52
    2.4.1. As universidades na Europa 52
    2.4.2. As universidades na América do Norte 55
    2.4.3. As universidades no Brasil 57
  2.5. Conceito de universidade 62
3. Autonomia universitária 66
  3.1. Conceito de autonomia universitária 66
  3.2. Autonomia universitária no Direito brasileiro 66

3.2.1. A autonomia universitária na Constituição Federal de 1988 70
3.2.2. A autonomia universitária na legislação infraconstitucional 74
3.3. Autonomia universitária no direito estrangeiro 77
4. Conclusão 79
Referências 81

II. Pedagogia, Poder e Direito:
prolegómenos a todo o Direito Universitário futuro
Paulo Ferreira da Cunha 85
1. Pedagogia e Poderes 85
1.1. Pedagogia e Poder 85
1.2. Da Melhor Pedagogia 87
1.3. Universidade, Mito e Palavra 90
1.4. Drama da Educação, Urgência da Cultura 92
1.5. Magistério e Magistratura 94
1.6. Escola do nosso Descontentamento 95
1.7. Professores Privilegiados? 97
1.8. A Ilusão das Férias Académicas 100
1.9. Consistência das Reformas Universitárias. Um Exemplo 101
1.10. Pedagogo *vs.* Investigador? 103
1.11. Educação ou Barbárie 105
1.12. Sinais de Alarme na Educação 107
1.13. Utopia Escolitária 109
2. Pedagogia e Direito 111
2.1. Pedagogias no Direito 111
2.2. Crise da Justiça e Cultura dos Juristas 112
2.3. O Nosso Direito ao Direito 114
2.4. Os Cursos de Direito e as Novas Avaliações Universitária 116
2.5. Pela Universalidade das Faculdades de Direito 120
3. Conclusão 123

— I —

Autonomia Universitária e Direito Educacional[1]

ANDRÉ TRINDADE[2]
EDVAL LUIZ MAZZARI JUNIOR[3]

Sumário: Introdução; 1. O direito educacional; 1.1. Conceito de educação; 1.1.1. Educação e Sociologia; 1.1.2. Educação e desenvolvimento econômico; 1.2. Conceito de direito educacional; 1.2.1. Direito educacional como disciplina autônoma; 1.3. Fontes do direito educacional; 1.3.1. Lei; 1.3.2. Jurisprudência; 1.3.3. Costume; 1.3.4. Doutrina; 1.4. Princípios do direito educacional; 1.5. Direito à educação como direito fundamental; 1.6. A educação e as constituições brasileiras; 1.6.1. A evolução da educação nas Constituições do Brasil; 1.6.2. A educação na Constituição Federal de 1988; 1.7. Direito educacional comparado; 2. A universidade; 2.1. As normas reguladoras do ensino superior; 2.2. Tipos de instituições de ensino superior; 2.3. O início das universidades; 2.4. As universidades no mundo; 2.4.1. As universidades na Europa; 2.4.2. As universidades na América do Norte; 2.4.3. As universidades no Brasil; 2.5. Conceito de universidade; 3. Autonomia universitária; 3.1. Conceito de autonomia universitária; 3.2. Autonomia universitária no Direito brasileiro; 3.2.1. A autonomia universitária na Constituição Federal de 1988; 3.2.2. A autonomia universitária na legislação infraconstitucional; 3.3. Autonomia universitária no direito estrangeiro; 4. Conclusão; Referências.

Introdução

A educação, meio pelo qual se transferem informações e instrumento formador dos indivíduos, tem um papel fundamental em toda a sociedade moderna. Tal fato motiva os Estados a cada vez mais regulamentarem as matérias a ela concernentes, objetivando uma melhoria no processo de ensino-aprendizagem.

---

[1] Produção do Centro de Pesquisa em Ciências Sociais Aplicada da UNOPAR.

[2] Mestre em Direitos Fundamentais pela ULBRA. Presidente do Instituto de Teoria do Direito. Diretor do Centro de Pesquisa em Ciências Sociais Aplicadas da UNOPAR, Advogado. Contatos pelo site www.andretrindade.com.br

[3] Graduado em Direito pela UNOPAR. Integrante do grupo de pesquisa Direito e Modernidade.

Diante do grande volume de atos normativos relativos à matéria, os operadores do direito começaram a se interessar pelo assunto, desenvolvendo-o até culminar num novo ramo jurídico: o Direito Educacional. Assim, o presente capítulo possui, primeiramente, o escopo de observar a educação inserida no contexto da Ciência Jurídica, atentando em analisar qual é o respaldo normativo que oferece guarida à disciplina que surge.

Pretende-se, também, além de buscar o conceito de Direito Educacional, apontar quais as fontes e os princípios que lhes são inerentes. Ao analisar a educação no ordenamento jurídico brasileiro, deseja-se investigar como ocorreu seu tratamento na esfera constitucional, bem como apontar a educação como um direito fundamental.

Dentro do Direito Educacional, um dos temas que ganha bastante relevância é o estudo sobre a autonomia universitária, questão alçada a preceito constitucional, regulamentada na Lei nº 9.394, de 20 de dezembro de 1996. O instituto da autonomia universitária está ligado diretamente a dois ramos da ciência jurídica: tem sua fundamentação no Direito Constitucional, especialmente no artigo 207 da Lei Maior, além de possuir extensões junto ao Direito Educacional. Nesse caso, para melhor se contextualizar no assunto, caberá uma análise sobre o ensino superior brasileiro, suas reformas e disposições legais concernentes como meio de compreender os fatos que ocorreram em sua evolução.

Todas as instituições de ensino superior possuem uma enorme importância nos sistemas de ensino dos países, pois estão imbuídas de formar profissionais capacitados a atender o mercado de trabalho, além de estimular o crescimento da sociedade através de suas pesquisas. Contudo, entre todas as instituições existentes, as universidades merecem uma atenção ímpar, uma vez que congregam todos os conhecimentos dentro de suas fronteiras. Além, é claro, de possuírem uma maior proximidade com a comunidade e terem a obrigação de exercer atividades científicas. Isso tudo ocorrendo de forma simultânea e conjunta, posto que devem obedecer a indissociabilidade entre ensino, pesquisa e extensão.

Assim, para estudar a autonomia universitária, faz-se mister conhecer melhor a universidade; através do conhecimento de sua história é possível verificar a essência que a inspirou e continua inspirando. Verificar os modelos existentes nos mais variados países permite conhecer como se deu seu desenvolvimento, bem como sugerir qual modelo o Brasil pode acolher ou abandonar idéias. Dito isso, embasado em toda uma história e conhecendo os modelos existentes, caberá definir adequadamente o que é esta instituição conhecida como Universidade.

Tendo em vista que o artigo 207 da Carta Magna deixa claro que as universidades "gozam de autonomia didático-científica, administrativa e de gestão financeira e patrimonial", é preciso saber, exatamente, qual o significado de cada expressão, suas faces e seus detalhes. Embora o legislador constitucional tenha alçado a autonomia universitária a um *status* de lei maior, sabe-se que o instituto não é novo, cabendo, assim, uma investigação sobre sua trajetória no ordenamento jurídico brasileiro, a legislação atual e os dispositivos que regulam a matéria.

1. O direito educacional

A educação tem preocupado vários setores da sociedade, desde aqueles que cuidam somente da área educacional, até os que se encontram na seara jurídica. Profissionais do direito e da educação desejam unir esses dois setores para melhor compreenderem a vasta legislação sobre o tema. "O fato deve-se, em primeiro lugar, ao reconhecimento da importância da educação, quer para o indivíduo, quer para a sociedade",[4] posto que é meio para o desenvolvimento individual e coletivo. De tal modo, faz-se necessária uma exposição sobre a relação existente entre o Direito e a Educação para observar a magnitude do tema, além de, ainda que modestamente, auxiliar no desenvolvimento da disciplina autônoma do Direito Educacional.

1.1. Conceito de educação

O escopo do presente tópico será realizar uma abordagem sobre a educação, uma vez que será o contexto de toda a obra. O termo "Educação" vem do latim *"educare"*, por sua vez ligado a *"educere"*, verbo composto pelo prefixo *"ex"* (fora) + *"ducere"* (conduzir, levar), o que significa literalmente "conduzir para fora", ou seja, preparar o indivíduo para o mundo.[5]

A educação pode ser entendida por três elementos, quais sejam: a transmissão, o espaço e o tempo. Da reunião desses é possível compreender, ainda que de forma sucinta, o seu significado. A educação é, essencialmente, um processo com o intuito de levar o ser humano a realizar suas potencialidades físicas, morais, espirituais e intelectuais, exercido pela ação de transmissão do saber do educador (quem ensina) e pela vontade do educando (quem aprende). Quando se pensa em educação "vê-se que corresponde à direção do conjunto

---

[4] PAIVA, Regina Garcia de. Direito educacional: do fato para o direito. *Gestão Contemporânea*, Porto Alegre, ano 4, n. 4, jan./dez. 2007. p. 110.

[5] ROSÁRIO, Miguel Barboza do; DIEGUEZ, Gilda Korff. *Etimologia*. Disponível em: <http://www.estacio.br/rededeletras/numero19/minha_patria/texto2.asp>. Acesso em: 02 abr. 2008.

do desenvolvimento que seja impresso a um ser qualquer para objetivo determinado".[6]

Aparece sempre que há relações entre pessoas e intenções de ensinar e aprender, mostrando-se num processo dialogal ou dialético em que os homens constroem-se em reciprocidade. Logo, o educador não está numa posição de onisciência, demonstrado pelo saber universal; mas é na troca do seu conhecimento com o do educando que, de fato, acontece a educação e o aprendizado.

A educação ocorre "em casa, na rua, na igreja ou na escola, de um modo ou de muitos todos [envolvem] pedaços da vida com ela: para aprender, para ensinar, para aprender-e-ensinar",[7] ou seja, a educação pode ser experimentada em vários momentos da vida. Assim, pode-se perceber que ela não está presente somente na escola, o que a princípio parece ser o único lugar em que deveria se apresentar. Para Lourenço Filho

> o *processo educacional*, como dantes salientamos, decorre de numerosas condições da vida coletiva, materiais e histórico-culturais. Procede do seio das famílias, dos grupos de trabalho e recreação, das instituições religiosas, enfim, de todas as modalidades da vida social nas quais sentimos, ideais, técnicas e aspirações estejam presentes e se transmitam das gerações mais amadurecidas para aqueles que menos o sejam.[8]

Assim como a educação não ocorre apenas em lugares pré-definidos (escola), também não está presente, tão somente, em certos momentos da vida. Para Nogueira, "a educação, como fenômeno dinâmico, refaz constantemente a experiência e é esta reconstrução que constitui o seu valor e concretiza o seu objetivo".[9] Desta forma, constata-se que a educação é um processo ininterrupto, não possuindo um termo final, inicia-se com o nascimento e continua em todas as fases e situações da vida. Dewey considera a educação como algo que é reexaminado, revisto, reorganizado e reconstruído, está em constante mudança e se desenvolve junto com o indivíduo, sempre revendo suas experiências.[10] Educar significa, assim" [...], elevar [o ser humano] da animalidade natural à Humanidade, isto é, passar do egoísmo fundamental a uma vida altruística e generosa, ao mesmo tempo em que os conhecimentos reais e úteis fossem ministrados ao educando".[11]

Muitas pessoas confundem educação com pedagogia, utilizando ambas as palavras como sinônimas, porém isso é uma concepção errônea, vez que a

---

[6] CARNEIRO, David Antonio da Silva. *História esquemática da educação e das universidades no mundo.* Curitiba: UFPR, 1984. p. 4.

[7] BRANDÃO, Carlos Rodrigues. *O que é educação.* 33. ed. São Paulo: Brasiliense, 1995. p. 7.

[8] LOURENÇO FILHO, Manoel Bergstrom. *Educação comparada.* 3. ed. Brasília: MEC/Inep, 2004. p. 34.

[9] NOGUEIRA, Raimundo Frota de Sá. *A prática pedagógica de Lourenço Filho no Estado do Ceará.* Fortaleza: Edições UFC, 2001. p. 63.

[10] DEWEY *apud* NOGUEIRA, 2001, p. 62.

[11] CARNEIRO, 1984, p. 4.

educação é um processo e a pedagogia é a educação sistematizada, ou ainda, uma metaeducação, isto é, como discurso sobre a educação e como organização e condução do processo educativo. "Para se conceituar Educação, é importante, logo de início, diferenciá-la da Pedagogia, a qual é a teoria da Educação, ou seja, a reflexão científica que sobre ela é feita. A Educação é a manifestação cultural que, de maneira sistemática e intencional, forma e desenvolve o ser humano".[12]

Não é a pedagogia que interessa a esse capítulo, sua conceituação se deu apenas para não restar dúvidas sobre a diferença existente entre ela e a educação. Impõe destacar que o conceito de educação que se discute não é o que se arrasta nas cadeiras dos cursos de filosofia, pedagogia, letras, entre outros, mas sim o que se liga com as ciências jurídicas. A Lei nº 9.394/96 (Lei de Diretrizes e Bases da Educação Nacional), considerando todos os elementos concernentes à educação, construiu um conceito que servirá de referência: "Art. 1º A educação abrange os processos formativos que se desenvolvem na vida familiar, na convivência humana, no trabalho, nas instituições de ensino e pesquisa, nos movimentos sociais e organizações da sociedade civil e nas manifestações culturais".[13] O conceito busca abranger todas as fontes de estímulo educativo a que estão sujeitos os indivíduos no seu processo educativo. Sobre o aludido dispositivo legal discorre Motta:

> O primeiro artigo dessa Lei de Diretrizes e Bases da Educação Nacional conceitua educação num sentido abrangente, englobando, além do processo de escolarização que se desenvolve nos estabelecimentos de ensino e pesquisa de todos os graus, a formação que ocorre no seio da família, no trabalho e na convivência humana em geral.[14]

Na visão de Souza, a redação do texto legal sofre pelo excesso, pois acentua que é desnecessário apontar exaustivamente os locais onde a educação se desenvolve, pois "teria bastado resumir os processos formativos em dois grupos básicos, os formais ou escolares, e os informais ou sócio-familiares, que incluem todo o resto".[15]

Embora existam divergências sobre a qualidade da redação da norma legal, percebe-se que o texto da lei observou atentamente o conceito de processo que a educação possui, destacando, ainda, a inexistência de locais específicos para sua consecução e não determinando o tempo em que ocorre, pelo que é atemporal, perpetuando-se no tempo.

---

[12] MOTTA, Elias de Oliveira. *Direito educacional e educação no século XXI*: com comentários à nova Lei de Diretrizes e Bases da Educação Nacional. Brasília: UNESCO, 1997. p. 75.

[13] BRASIL. Lei nº 9.394, de 20 de dezembro de 1996. Disponível em: <http://www.planalto.gov.br/ccivi l_03/Leis/L9394.htm>. Acesso em: 2 abr. 2008.

[14] MOTTA, 1997, p. 211.

[15] DE SOUZA, Paulo Nathanael Pereira; DA SILVA, Eurides Brito. *Como entender e aplicar a nova LDB*: lei nº 9.394/96. São Paulo: Pioneira, 1997. p. 5

1.1.1. Educação e Sociologia

Como visto, a educação se desenvolve na inter-relação entre os indivíduos e entre os indivíduos e o meio. Contudo, é nessa última ligação que se denota necessário destacar alguns apontamentos. Diversos são os grupos sociais que criam e recriam a educação, havendo, assim, diferentes tipos, cada qual derivada das diferentes concepções das coisas existentes nas ideologias das diversas sociedades.

A sociologia e a educação se fundem quando a segunda serve para ajustar o educando ao seu grupo social, pois a transmissão do saber é global, incutindo no educando contornos da identidade, da ideologia e do modo de vida de uma sociedade. Como várias outras práticas sociais, o fim da educação é o interesse social. Segundo Durkheim "A educação é uma ação exercida pelas gerações adultas, sobre as gerações que não se encontram ainda preparadas para a vida social; tem por objetivo suscitar e desenvolver, na criança, certo número de estados físicos, intelectuais e morais reclamados pela sociedade política [...]".[16]

Desse conceito é possível visualizar a maneira sociológica de compreender a educação, trazendo os anseios sociais para o processo educativo, sendo que serão estes ideais que deverão ser objeto de transferência. Cada sociedade possui um sistema de educação que irá impor aos indivíduos as condutas que deverão praticar e os ensinamentos que deverão receber, geralmente, de modo irresistível, cabendo, em regra, ao Estado a tarefa de proporcionar a educação ao seu povo. Du Pasquier observa que o Estado deve organizar a "vida social para realização de fins comuns nas sociedades nacionais, através de meios adequados e eficientes coordenados por instituições de direito público".[17]

Durkheim destaca ainda que cada ser humano é dotado de dois outros seres, um individual e outro social, este último é constituído de "um sistema de idéias, sentimentos e hábitos, que exprimem em nós, não nossa individualidade, mas o grupo ou os grupos diferentes de que fazemos parte [...]".[18] O ser social é educado conforme os parâmetros e os desejos da classe dominante, capaz de determinar, ainda que coercitivamente, os moldes da sociedade que deseja construir. Não há nestas sociedades uma atenção para a diversidade existente entre os diferentes grupos sociais, pois todos são educados de forma similar do início e sempre são instigados a continuar seu processo de ensino com um raciocínio pré-definido. Assim, resta demonstrado que "cada grupo

---

[16] DURKHEIM, Émile. *Educação e sociologia*. Tradução de Lourenço Filho. 7. ed. São Paulo: Melhoramentos, 1972. p. 41.

[17] DU PASQUIER *apud* LOURENÇO FILHO, 2004, p. 35.

[18] DURKHEIIM, op. cit., p. 42.

manifesta perspectivas educacionais com relação à vida das crianças e jovens, reguladas pelos próprios interesses do grupo [...]".[19]

Freire criticava a idéia da educação em massa, que desrespeitava as diferenças sociais e culturais. Denominava-a de educação bancária, que se alicerçava na conquista, na divisão, na manipulação e na invasão cultural. Acreditava que nesse tipo de educação as minorias dominadoras conseguiam permanecer no poder, na medida em que mantinham divididos os diversos grupos, conseguindo conformar as massas populares de seus objetivos e ainda impondo sua visão de mundo, inibindo a criatividade.[20] A educação criticada por Freire, nos dizeres de McLaren, faz com que "as escolas produzam seres humanos incapazes de reflexão e suas atividades diárias representam as ideologias da cultura dominante."

Freire tinha como ideal de educação aquela que permitia ao educando *ler o mundo*. Imaginava que, para isso, seria necessário respeitar o contexto cultural e familiar dos estudantes, dando a eles a oportunidade de participar do processo de ensino-aprendizagem, tendo voz ativa e vislumbrando realidades de ensino nos conteúdos trabalhados que tivessem relação direta com o mundo em que estavam inseridos.[21] Como dantes se viu,

[...] o aprendiz não é uma tabula rasa, uma mente vazia; ele sabe, ao contrário, "muitas coisas", questionou-se e assimilou ou elaborou respostas que o satisfazem provisoriamente. Por causa disso, muitas vezes, o ensino choca-se de frente com as *concepções dos aprendizes*. Nenhum professor experiente ignora este fato.[22]

É claro que há em todas as sociedades certas idéias que devem inculcar todos os educandos, indistintamente, seja qual for a categoria social a que pertençam. Porém, em razão da educação ser um dos principais meios de realização de mudança social, deve ser distribuída de modo igualitário, respeitando as diversidades e permitindo o desenvolvimento individual e dos grupos.

1.1.2. Educação e desenvolvimento econômico

Na sociedade globalizada e dinâmica na qual se vive atualmente, a força física perdeu espaço para a força intelectual. A educação não serve apenas como meio de transformação individual ou de uma sociedade, mas vincula-se, também, ao desenvolvimento socioeconômico. Portanto, a educação e o

---

[19] LOURENÇO FILHO, op. cit., p. 35.

[20] FREIRE, Paulo. *Pedagogia do oprimido*. 13. ed. Rio de Janeiro: Paz e Terra, 1983. p. 165-178.

[21] MACHADO, João Luís Almeida. *O que é educação?*: Reflexões necessárias sobre essa nobre área de atuação. Disponível em: <http://www.planetaeducacao.com.br/novo/artigo.asp?artigo=781> . Acessado em: 2 abr. 2008.

[22] PERRENOUD, Philippe. *Dez novas competências para ensinar*. Tradução de Patrícia Chittoni Ramos. Porto Alegre: Artes Médicas Sul, 2000. p. 28.

Autonomia Universitária e Direito Educacional

desenvolvimento das nações caminham juntos, a ponto de dizer que um país só conseguirá um grande avanço econômico se elevar os níveis de educação. Cumpre relembrar um dito popular que sintetiza exatamente o tamanho da educação para o desenvolvimento de um país: "o país que constrói escolas, destrói presídios".

Cabe ao sistema educativo fornecer a todos meios para dominar a proliferação de informações, de selecioná-las com espírito crítico, preparando-os para lidarem com esta enorme quantidade de conhecimentos que rodeiam cada ser humano. A educação visa implementar o desenvolvimento econômico e tecnológico de um país, aprimorando os conhecimentos e ações do ser humano. Evidencia-se pelo que o conhecimento aguçado produziu e observa, para o progresso nacional, aspectos estruturais e evolutivos.[23] Assim,

> a Educação, tanto no plano individual quanto social, sendo, por excelência, o processo de mudanças sistemáticas e conscientes que se faz de forma planejada e organizada, tende a se firmar como o mais eficaz instrumento que um governo tem para efetivar o desenvolvimento de um povo, pois a educação envolve todos os processos voltados para a preparação das pessoas para as mudanças interiores e exteriores, com o objetivo de antecipar o desenvolvimento e deixá-las aptas a aceitarem, entenderem e enfrentarem os desafios do futuro com capacidade para moldá-lo aos seus princípios, valores e interesses individuais e sociais.[24]

Não se pode esquecer que a competitividade no mercado de trabalho demanda indivíduos preparados para absorverem as constantes mudanças, capazes de criar meios de produção mais eficazes e econômicos. O Brasil não se mostrou indiferente ao assunto, posto que deixou claro o objetivo laboral que a educação possui, importando-se em destacar que o ambiente de trabalho e suas transformações deverão pautar a educação escolar. O § 2º do artigo 1º da Lei 9.394/96 é claro ao ligar o processo educacional escolar com as relações de trabalho, sendo que assim dispõe, "A educação escolar deverá vincular-se ao mundo do trabalho e à prática social." Segundo Souza "O § 2º tem o sabor da modernidade, pois, ao declarar que a educação escolar se deve vincular ao mundo do trabalho e à prática social, visa à formação concomitante do cidadão e do trabalhador, certamente, nas regras da democracia e da economia produtiva".[25] Dessa forma, fica evidente o papel relevante que a educação exerce no processo de desenvolvimento e progresso dos Estados. Todo país que vislumbre o crescimento econômico, técnico-científico realiza maciços investimentos na educação de sua população, colaborando para as inovações que uma mão-de-obra qualificada pode realizar.

---

[23] CARNEIRO, 1984, p. 7.

[24] MOTTA, 1997, p. 79-80.

[25] SOUZA; SILVA, 1997, p. 6.

A Educação, assim entendida, tem uma função inovadora e útil à sociedade como um todo e cada indivíduo que dela participa, constituindo, portanto, um instrumento eficiente, testado, aprovado, de mudanças, e o principal responsável pela transformação de cada ser humano em agente tanto de seu próprio aperfeiçoamento individual, quanto do desenvolvimento econômico, político, social e cultural da nação.[26]

Portanto, como visto, a educação é um processo de relação interpessoal de transmissão do conhecimento, que ocorre em qualquer lugar e em qualquer tempo, acrescentando ao educando informações básicas e universais, bem como específicas a sua realidade social, buscando desenvolver o indivíduo como ser humano e ser social, nunca deixando de prepará-lo para os avanços técnico-científicos do mundo moderno. Para concretização das aspirações econômico-sociais "o Estado ou os poderes públicos atribuem-se o direito de formular certas diretivas gerais, estabelecendo *macrodecisões* imperativas que consideram vantajosas à coesão da vida nacional".[27]

Mas como tudo isso se relaciona com o direito?

No instante em que a educação se funde com a ciência do direito, havendo uma relação estreita entre ambas, ocorre a criação de um novo ramo do direito denominado direito educacional.

1.2. Conceito de direito educacional

Para falar sobre a relação que faz criar o direito educacional, considerando que já fora abordado a definição de educação, é salutar abordar alguns institutos da ciência do direito. A expressão ciência do direito compreende duas faces, uma em sentido amplo e outra em sentido estrito. Maria Helena Diniz faz bem essa distinção, assim entendendo que, "Em 'sentido amplo' o termo 'ciência do direito' indica qualquer estudo metódico, sistemático, fundamentado, dirigido ao direito, abrangendo nesta acepção as disciplinas jurídicas [...]".[28] Já para o sentido estrito, pode-se apregoar que a ciência do direito consiste

no pensamento tecnológico que busca expor metódica, sistemática e fundamentadamente as normas vigentes de determinado ordenamento-jurídico, e estudar os problemas relativos a sua interpretação e aplicação, procurando apresentar soluções viáveis para os possíveis conflitos, orientando como devem ocorrer os comportamentos procedimentais que objetivam decidir questões conflitivas.[29]

---

[26] MOTTA, 1997, p. 80.

[27] LOURENÇO FILHO, 2004, p. 35.

[28] DINIZ, Maria Helena. *Compêndio de introdução à ciência do direito.* 13. ed. São Paulo: Saraiva, 2001. p. 217.

[29] DINIZ, op. cit., p. 217.

O direito é a ciência social que estuda, "estabelece e sistematiza as normas necessárias para assegurar o equilíbrio das funções do organismo social, a cujos membros são coercitivamente impostas pelo poder público".[30] Reale considera que "a Ciência do Direito estuda o fenômeno jurídico tal como ele se concretiza no espaço e no tempo [...] a ciência do Direito é uma forma de conhecimento 'positivo' da realidade social segundo normas ou regras 'objetivadas', ou seja, 'tornadas objetivas', no decurso do processo histórico".[31]

É, portanto, a ciência jurídica em sentido estrito que se relaciona com a educação e, assim, faz existir o novo ramo do direito denominado Direito Educacional, relação essa que surge no momento em que a educação é positivada na Carta Magna brasileira, bem como na Lei de Diretrizes e Bases da Educação Nacional. Dessa relação surgirão várias conseqüências jurídicas que devem ser objetos de estudo da jurisprudência.

Diversos nomes são empregados quando se deseja expressar este novo ramo da ciência jurídica. Dentre eles destacam-se os seguintes: direito da educação, direito educacional e direito educativo. Precursor desta disciplina, sendo o pioneiro na abordagem sistematizada entre educação e direito, Di Dio optou pela expressão *direito educacional,* por entender que este termo possui uma conotação mais jurídica, de maior abrangência para alcançar o complexo de normas e princípios, bem como as relações jurídico-educacionais.[32]

Di Dio foi sem dúvida um dos maiores defensores da autonomia do Direito Educacional, pois, além de defini-lo, dividiu-o e estabeleceu as relações com outros ramos do Direito, além de conceituar seus princípios e institutos. Para Di Dio o Direito Educacional "é o conjunto de normas, princípios, leis e regulamentos que versam sobre as relações de alunos, professores, administradores, especialistas e técnicos, enquanto envolvidos, mediata ou imediatamente, no processo ensino-aprendizagem".[33]

O processo de ensino-aprendizagem que Di Dio menciona, pode ser considerado como o núcleo central gerador das relações jus-educacionais. Comportando-se da mesma maneira que o emprego está para o direito do trabalho.

Todavia, Di Dio não foi o único a se preocupar em sistematizar a educação e transformá-la em ramo do direito, Guimarães também acreditou na

---

[30] NUNES, Pedro. *Dicionário de Tecnologia Jurídica.* 3. ed. Rio de Janeiro: Freitas Bastos, 1956. p. 365.

[31] REALE, Miguel. *Lições preliminares do direito.* 27. ed. São Paulo: Saraiva, 2003. p. 17.

[32] DI DIO *apud* JOAQUIM, Nelson. Educação à luz do Direito. *Jus Navigandi,* Teresina, ano 10, n. 1081, 17 jun. 2006. Disponível em: <http://jus2.uol.com.br/doutrina/texto.asp?id=8535>. Acesso em: 2 abr. 2008.

[33] DI DIO, Renato Alberto Teodoro. *Contribuição à sistematização do direito educacional.* São Paulo, 1981. Tese (Livre-docência) – Faculdade de Educação, USP. p. 24.

necessidade de estudar a educação com uma preocupação jurídica. Segundo ele, "se a vida moderna faz aparecer novos ramos especializados da Ciência Jurídica, como Direito Trabalhista, Direito Econômico, Direito Tributário, entre outros, por que não nos preocuparmos, igualmente, em sistematizar, já e agora, o Direito Educacional".[34] Outro esforço que enriqueceu o estudo sobre o assunto e, por conseguinte, auxiliou na definição do Direito Educacional foi a divisão que Motta faz quando conceitua a disciplina. Para ele o Direito Educacional é repartido da seguinte forma:

> 1) o conjunto de normas reguladoras dos relacionamentos entre as partes envolvidas no processo ensino-aprendizagem; 2) a faculdade atribuída a todo ser humano e que se constitui na prerrogativa de aprender, de ensinar e de se aperfeiçoar; e 3) o ramo da ciência jurídica especializado na área educacional.[35]

Há ainda a definição de Duarte Guerra, o qual preceitua que o Direito Educacional é o "ramo do Direito que trata das leis do ensino e sua jurisprudência".[36] Porém, essa concepção é bastante criticada, pois vários autores entendem que o Direito Educacional não trata apenas das legislações do ensino, está num patamar maior, se igualando com os outros ramos do direito brasileiro. Para Boaventura a

> legislação do ensino ou Direito Educacional não é tão-somente um problema terminológico, mas uma fase que mostra as limitações da abordagem da educação apenas em termos de legislação, que não alcança toda a problemática jurídica. Problemas e exigências estão determinando o crescimento do Direito Educacional que cada vez mais se enriquece com as contribuições da doutrina e da jurisprudência.[37]

Di Dio, no instante em que iniciou uma sistematização de toda matéria jus-educacional, instaurou a transição da fase legalista, isto é, fase que aborda o Direito Educacional como um apanhado de leis que tratam do ensino, para a fase jurídica. Pondo fim à discussão que iguala os conceitos de direito educacional e de legislação de ensino, Motta lembra que a legislação do ensino se limita ao estudo do conjunto de normas sobre a educação, já o Direito Educacional abrange um conjunto de instrumentos jurídicos sistematizados que objetivam o comportamento humano relacionado à educação.[38]

---

[34] GUIMARÃES *apud* TRINDADE, André. Direito educacional e direitos fundamentais: uma relação real. In: Trindade, André (Org.). *Direito Educacional*: sob uma ótica sistêmica. Curitiba, Juruá, 2007. p. 65.

[35] MOTTA, 1997, p. 51.

[36] DUARTE *apud* INEP – Instituto Nacional de Estudos e Pesquisas Educacionais Anísio Teixeira, 2001. Disponível em: <http://www.inep.gov.br/pesquisa/thesaurus/thesaurus.asp?te1=31674&te2=38719&te3=32302>. Acesso em: 3 maio 2008.

[37] BOAVENTURA, Edivaldo Machado. Um ensaio de sistematização do direito educacional. *Revista de Informação Legislativa*, Senado Federal, Brasília, v. 33, n. 131, jul.-set. p. 45.

[38] MOTTA, 1997, p. 51.

1.2.1. Direito educacional como disciplina autônoma

Para considerar o Direito Educacional como uma disciplina jurídica autônoma é necessário verificar o atendimento de alguns requisitos básicos capazes de caracterizar uma matéria de direito como disciplina autônoma. Assim, com o propósito de inferir o requisito imprescindível que concede autonomia de qualquer ramo do direito, Melo Filho afirma que a autonomia de determinado ramo do Direito "é sempre e unicamente didática, investigando-se os efeitos jurídicos resultantes da incidência de determinado número de normas jurídicas, objetivando-se descobrir-se a concatenação lógica que as reúne num grupo orgânico e que une este grupo à totalidade do sistema jurídico".[39] Nesse sentido, é sempre prudente, em matéria de autonomia jurídica, recordar que Rocco cita três requisitos para caracterizar a autonomia de um ramo do Direito, os quais em síntese são: extensão da matéria, doutrinas homogêneas e métodos próprios.[40]

Há um volumoso repertório de legislação educacional, que vão desde leis federais, estaduais e municipais até atos emitidos pelo Conselho Nacional de Educação, decretos do Poder Executivo, portarias ministeriais, estatutos e regimentos das escolas, decisões judiciais e administrativas, pareceres das procuradorias e assessorias, entre outros, tendo, assim, notória amplitude normativa que versa sobre a matéria educacional. Existe, também, no Direito Educacional uma grande quantidade de doutrina possuidora de conceitos comuns, concernentes aos fins da educação, à ação educativa, às teorias de ensino-aprendizagem, à seleção e à organização de conteúdos curriculares, à metodologia, aos objetivos, à avaliação, a propostas curriculares, ao planejamento educacional etc.[41]

Metodologicamente o Direito Educacional desenvolveu padrões de relacionamento entre professor e aluno e suas relações com a sociedade. Observando os seus conceitos é possível realizar análises do comportamento humano educacional. "O instrumental metodológico é o meio pelo qual o conhecimento da ciência do Direito Educacional cresce. No particular, Educação, como disciplina, dispõe de uma série de métodos que são aplicados para seu crescimento".[42] Em suma, todos os requisitos enumerados por Alfredo Rocco estão preenchidos sobejamente no Direito Educacional, possibilitando incluí-lo de forma irrefutável como uma disciplina autônoma do direito.

---

[39] MELO FILHO *apud* BOAVENTURA, Edivaldo. *A educação brasileira e o direito*. Belo Horizonte: Nova Alvorada, 1997. p. 38.

[40] ROCCO *apud* DI DIO, 1981, p. 34.

[41] PAIVA, 2007, p. 110.

[42] BOAVENTURA, 1997, p. 41.

1.3. Fontes do direito educacional

O Direito Educacional, como qualquer outra disciplina do direito, é resultado das fontes do direito. O termo "fonte do direito" é empregado de forma metafórica, uma vez que é utilizado para designar a gênese, os alicerces, as bases, ou ainda, de onde se origina o direito. Indica as formas que o constituem, tanto em seu aspecto interno, quanto sua forma exterior. Esta dupla face faz com que exista uma dicotomia na teoria das fontes, dividindo-a em material e formal. Savigny, no início do século XIX, já distinguia as espécies de fontes entre *lei* e *espírito*, sendo o primeiro os *atos formais* ou *instrumentos* de realização do direito e o segundo as convicções comuns de um povo ou o *centro emanador* do direito.[43] Contudo, foi o jurista francês Fançois Geny quem, primeiramente, utilizou as expressões "fontes materiais" e "fontes formais."

Fontes materiais são os valores lógicos ou morais que influenciam a função criadora e aplicadora do direito, ou seja, é o conjunto de fatores axiológicos e princípios morais que uma sociedade (convicções comuns de um povo) deseja ver reproduzido, bem como positivados, estando intimamente relacionadas aos campos da filosofia e da sociologia jurídica. As fontes formais, por seu turno, são as várias maneiras pela qual o direito posto se manifesta, ligados às formas de expressão do direito positivo, ou ainda, aos instrumentos pelos quais se declara. Por oportuno, cabe observar as palavras de Diniz sobre as fontes formais:

> A *fonte formal* lhe dá forma, fazendo referência aos modos de manifestação das normas jurídicas, demonstrando quais os meios empregados pelo jurista para conhecer o direito, ao indicar os documentos que revelam o direito vigente, possibilitando sua aplicação a casos concretos, apresentando-se, portanto, como *fonte de cognição*.[44]

Cuidar-se-á aqui das fontes formais, pois sendo a forma de expressão do direito possibilitam compreender o Direito Educacional sob um enfoque vinculado à ciência jurídica. As fontes formais do direito são: a lei, o costume, a jurisprudência e as fontes negociais.

1.3.1. Lei

Em virtude da origem romanística existente no direito dos Estados latino-americanos, em especial o Brasil, a lei ganha relevância por ser considerada a mais importante fonte do direito, sendo possível dizer que o direito é obra exclusiva do legislador. Tendo em vista os freqüentes equívocos que rondam a palavra "lei", Reale sustenta que deve ser empregado o vocábulo,

---

[43] SAVIGNY *apud* FERRAZ JUNIOR, Tércio Sampaio. *Introdução ao estudo do direito*: técnica, decisão, dominação. 5. ed. São Paulo: Atlas, 2007. p. 223-224.

[44] DINIZ, 2001, p. 280.

em seu sentido jurídico, quando "significar uma regra ou conjunto ordenado de regras".[45] De tal modo, as regras ou conjunto de regras extraído das leis são, por conseqüência, a ação legislativa realizada pelo poder competente com o objetivo de regular as relações jurídicas que envolvem os indivíduos para que possam conviver em sociedade.

Contudo, quando utilizado o termo "lei" como fonte do direito, deve-se sempre ouvir a expressão legislação, por revelar o conjunto de leis produzidas pelo Estado para regular determinadas áreas do ordenamento jurídico. Considerando a legislação como fonte do direito educacional, Vilanova afirma que "a legislação sobre matéria educacional dispersa-se em vários planos do ordenamento: está em nível constitucional, em nível de lei ordinária (é ator normativos a lei equiparadas), em decretos e regulamentos; inclusive, atualmente, em outros níveis normativos".[46] Assim, é fácil perceber, no que diz respeito ao Direito Educacional, que a legislação está espalhada por todos os entes que compõem a federação (União, Estados, Distrito Federal e Municípios), além de não ser decorrência somente do processo normativo referido no artigo 59 da Carta Magna.

Relativo às leis, é a Constituição Federal a sua fonte primordial, uma vez que sobrepõe a todas as outras normas integrantes do ordenamento jurídico, possuindo normas básicas tocantes às condutas daqueles que a ela se subordinam, além disso, determina como as outras normas legais serão elaboradas.

Para o direito educacional o Texto Constitucional dedica 10 (dez) artigos pelos quais "estabelece princípios e garantias, dita padrões de organização dos sistemas de educação, procede às indicações para o currículo, discrimina e distribui recursos financeiros para a educação, entre muitas outras prescrições".[47]

De todas as leis infraconstitucionais que aludem à educação destaca-se a Lei nº 9.394, de 20 de dezembro de 1996, que traz no ordenamento jurídico-educacional as diretrizes e bases da educação nacional.

Note-se que, conforme dito, a legislação educacional é composta de vários instrumentos normativos: decretos, regulamentos, regimentos e portarias. Há, contudo, outros veículos normativos que estipulam preceitos educacionais no âmbito interno das instituições de ensino (regimentos internos das instituições de ensino básico, médio ou superior).

Situando-se na esfera do direito internacional aparecem os tratados e as convenções internacionais. Nesse contexto, destacam-se alguns documentos de larga influência na educação, sendo eles: Declaração Universal dos

---

[45] REALE, 2003, p. 163.

[46] VILANOVA *apud* BOAVENTURA, 1997, p. 75.

[47] BOAVENTURA, 1997, p. 76.

Direitos Humanos; Declaração Americana dos Direitos e Deveres do Homem; Convenção Americana sobre os Direitos Humanos (Pacto de San José da Costa Rica); Declaração Universal dos Direitos da Criança; Pacto Internacional dos Direitos Econômicos, Sociais e Culturais; as recomendações da Unesco e as recomendações do Bureau Internacional de Educação.[48]

Podem também ser consideradas como fontes legislativas do direito educacional as resoluções normativas (atos que explicam ou completam os regulamentos), deliberações normativas (decisões administrativas de órgãos colegiados) e pareceres normativos (opinião emitida por autoridade competente e especializada sobre determinado assunto).

Destarte, a legislação que funda o direito educacional é bem mais ampla do que apenas as leis produzidas pelo Poder Legislativo, pois abrange outras espécies normativas que não coincidem com as reverenciadas pelo artigo 59 da Constituição Federal.

1.3.2. Jurisprudência

O termo jurisprudência, como fonte do direito, não é aquele empregado para designar a ciência do direito, mas sim a repetição de decisões dos tribunais acerca de determinados assuntos análogos.

Muito se questiona se a jurisprudência é ou não fonte do direito. A cultura jurídica anglo-saxônica reconhece-a como fonte, pois a utiliza em todos os casos e decisões, tendo estes precedentes um caráter vinculativo à atividade jurisdicional. Por outro lado, aos sistemas jurídicos provenientes da tradição romanística, como ocorre no Brasil, a jurisprudência não possui o *status* de fonte do direito. Contudo, uma grande corrente de doutrinadores a utilizam como fonte, vez que interpretam a lei, dando sentido, às vezes, bem diverso do originariamente expresso no texto legal. Segundo Rui Barbosa:

> Ninguém ignora, hoje em dia, que a jurisprudência modifica incessantemente as leis do direito privado. Toda codificação, apenas decretada, entra sob o domínio dos arestos, no movimento evolutivo que, com o andar dos tempos, acaba por sobrepor à letra escrita o direito dos textos judiciais.[49]

As decisões dos tribunais traduzem, ou até modificam as leis, e têm a capacidade de criar no caso *sub judice* uma norma legal privada, subordinando as partes a sua aplicação. Como defensor da jurisprudência como fonte do direito, Reale assevera:

> Se uma regra é, no fundo, a sua interpretação, isto é, aquilo que se diz ser o seu significado, não há como negar à Jurisprudência a categoria de *fonte do Direito*, visto como ao juiz é dado armar

---

[48] BARUFFI, Helder. A educação como direito fundamental: um princípio a ser realizado. In: FACHIN, Zulmar. *Direitos fundamentais e cidadania*. São Paulo: Método, 2008. p. 86.

[49] BARBOSA *apud* DINIZ, 2001, p. 291.

de obrigatoriedade aquilo que declara ser "de direito" no caso concreto. O magistrado, em suma, interpreta a norma legal situada numa "estrutura de poder", que lhe confere competência para converter em sentença, que é uma *norma particular*, o seu sentido da lei.[50]

Resta, portanto, inegável que a jurisprudência possui caráter de fonte do direito, visto que a atividade jurisdicional modifica a lei, atualizando o seu sentido ou até suprindo suas deficiências, bem como influencia o legislador na edição de novas leis. Ademais, cabe salientar que o próprio ordenamento jurídico ressalta a importância interpretativa da jurisprudência, conforme preceitua os artigos 476 a 479 do Código de Processo Civil. De tal forma, no Direito Educacional, a jurisprudência realiza um papel de importante relevância, estabelecendo contornos e precisões, além de fornecer mais segurança e definição a certas situações educacionais. Segundo Motta,

nos últimos anos, tem-se formado também extensa jurisprudência de Direito Educacional nas várias instâncias do Poder Judiciário, inclusive no Supremo Tribunal Federal, onde existem vários acórdãos, especialmente sobre as Medidas Provisórias editadas pelo Poder Executivo Federal nos últimos três anos, que foram alvo de diversas Ações Diretas de Inconstitucionalidade (impetradas principalmente pela COFENEN e por partidos políticos). Dispunham essas Medidas Provisórias sobre mensalidades escolares, inadimplência de aluno e pais de aluno, punições pedagógicas e administrativas, Conselho Nacional de Educação, avaliação das instituições de ensino superior, eleição de reitores das universidades públicas, etc.[51]

A jurisprudência educacional também é composta pelas decisões dos colegiados de educação (Conselhos de Educação), o que, desta maneira, constitui precedente adminitrativo.

Nas decisões, sejam de cunho administrativo, sejam de cunho judiciário, o Direito Educacional está sempre presente. Assim demonstra a importância da jurisprudências administrativas (Conselhos de Educação) e judiciária (Poder Judiciário), pois nos possibilita analisar por outro ângulo, o do julgador, o entendimento de algumas questões controvertidas e a possibilidade de um favorável deslinde ao caso estudado.[52]

Não restam dúvidas sobre a importância que a jurisprudência possui no Direito Educacional, haja vista que auxilia no progresso de sua construção sistemática, dando significados a institutos ainda não amplamente compreendidos.

1.3.3. Costume

O costume pode ser considerado a expressão mais antiga do direito, pois decorre da prática reiterada de condutas por determinado povo, independente de qualquer representação formal (lei). Contudo, não é o simples costume que se considera fonte do direito, uma vez que o custume é composto por " um

---

[50] REALE, 2003, p. 169.

[51] MOTTA, 1997, p. 67.

[52] ALVES *apud* JOAQUIM, 2006.

elemento *substancial* – o uso reiterado no tempo – e um elemento *relacional* – o processo de institucionalização que explica a formação da convicção da obrigatoriedade e que explica em procedimentos, rituais ou silêncios presumidamente aprovadores".[53] Portanto, a convicção da obrigatoriedade faz nascer a norma consuetudinária que constitui a fonte do direito, devendo ser respeitada sob pena de desaprovação acompanhada de sanções sociais.

Por um ou outro motivo o costume transforma-se em lei, objetivando tornar-se mais impositivo e, assim, delimitando melhor as regras de conduta. Da sua relação com a lei surgem três espécies de costumes, quais sejam: *secundum legem, praeter legem* e *contra legem. O primeiro* é representação no texto legal, ou seja, existe no instante em que há uma positivação do costume. O segundo possui um caráter supletivo à norma legal, serve para preencher as lacunas da lei. Já o costume *contra legem* é o contrário à lei, ocorre na revogação implícita de dispositivos legais, bem como no desuso da determinação imposta.

O artigo 4º da Lei nº 4.567/42 (Lei de Introdução ao Código Civil Brasileiro), ao determinar que "Quando a lei for omissa, o juiz decidirá o caso de acordo com a analogia, os costumes e os princípios gerais de direito", consagra o caráter *praeter legem* do costume no direito brasileiro.

O Direito Educacional, como ensina Motta, "[...] só veio a ser definido e aplicado pelos povos civilizados mais recentes [...]. Inicialmente, era mais costumeiro ou consuetudinário [...]".[54] Daí haver uma relação forte entre o costume e o Direito Educacional. "No Direito Educacional, principalmente na vida escolar, observam-se vários costumes, por exemplo, a prerrogativa atribuída ao aluno de solicitar revisão de provas e de exames, pelo próprio estudante, sem assistência dos pais ou representantes legais".[55]

A existência do costume no Direito Educacional é clara, seja em razão da falta de estrutura rígida neste ramo do direito, dada sua prematuridade, seja como *praeter legem*, regulando as omissões existentes no ordenamento jurídico educacional.

1.3.4. Doutrina

A doutrina é a opinião dos estudiosos do direito que, muito embora não seja considerada uma fonte do direito propriamente dito, possui grandiosa importância, na medida em que influencia o juiz no seu ofício, além de auxiliar o legislador quando da elaboração das normas.

---

[53] FERRAZ JUNIOR, 2007, p. 242.
[54] MOTTA, 1997, p. 55.
[55] BOAVENTURA, 1997, p. 86.

Em relação ao enquadramento da doutrina como fonte do direito, há uma grande quantidade de autores que ainda não convergem para um entendimento sobre o tema. Todavia, prevalece o entendimento daqueles que a excluem como fonte. Neste diapasão encontram-se Paulo de Barros Carvalho, Benjamim de Oliveira e Miguel Reale, este, em que pese não a aceite como fonte, não esquece a importância que ela possui, pois afirma que a doutrina "não é fonte do Direito, mas nem por isso deixa de ser uma das molas propulsoras, e mais racional das forças diretoras, do ordenamento jurídico".[56]

Por outro lado, há quem a considere uma fonte indireta, pois ela inspira a legislação e a jurisprudência em virtude da enorme qualidade dos estudos dos juristas sobre os problemas jurídicos, muito embora não possua força vinculante a todos que aplicam ou elaboram a lei. É no contexto de fonte indireta, dada sua falta de obrigatoriedade, que a doutrina se insere no Direito Educacional como fonte, exercendo um papel interpretativo da lei educacional, assim como, sistematizando seu ordenamento, como fez Di Dio.

Constituem a fonte doutrinaria do Direito Educacional os pareceres interpretativos exarados pelos Conselhos de Educação, haja vista que tornam claro o sentido da legislação educacional, limitando-a e ampliando seu campo de abordagem. A doutrina como fonte jurídica proporciona ao ordenamento jus-educacional e ao Direito Educacional uma significativa contribuição crítica, influenciando sua aplicação prática.

1.4. Princípios do direito educacional

Ver-se-á a seguir um discurso sobre os princípios insertos no Direito Educacional, observando sua finalidade e sua importância neste braço da ciência jurídica moderna. É de considerável importância o estudo da base principiológica da matéria em comento, pois todos os preceitos *jus-educacionais* pautam-se por eles quando da sua sistematização.

Antes de analisar os princípios próprios do Direito Educacional, é de indubitável valia uma exposição sobre o conceito de princípio, sua função, especialmente dos princípios jurídicos, além de uma abordagem acerca de sua formulação.

Os princípios do Direito são as bases que fundamentam toda sua estrutura, informando e orientando a sua construção. Cretella Jr. afirma que os "princípios de uma ciência são as proposições básicas, fundamentais, típicas que condicionam todas as estruturas subseqüentes. Princípios, neste sentido, são os alicerces da ciência".[57]

---

[56] REALE, 2003, p. 178.

[57] CRETELLA JUNIOR *apud* MARTINS, Sérgio Pinto. *Direito processual do trabalho*: doutrina e prática forense. 27. ed. São Paulo: Atlas, 2007. p. 37.

O princípio constitui o ponto central de todo e qualquer sistema jurídico, oferecendo os fundamentos que, de forma conexa, tornarão lógicos os conjuntos institucionais decorrentes do processo de sistematização, constituindo, assim, uma unidade coerente. Neste sentido, Bandeira de Mello assevera que o princípio

> [...] é, por definição, mandamento nuclear de um sistema, verdadeiro alicerce dele, disposição fundamental que se irradia sobre diferentes normas compondo-lhes o espírito e servindo de critério para sua exata compreensão e inteligência, exatamente por definir a lógica e a racionalidade de sistema normativo, no que lhe confere a tônica e lhe dá sentido harmônico.[58]

Percebe-se então que os princípios jurídicos desempenham um papel muito importante no Direito, constituindo a razão que influencia a elaboração das normas jurídicas, também oferecendo meios de interpretação (hermenêutica), e são empregados como recursos utilizáveis diante dos defeitos das normas formuladas, preenchendo as lacunas existentes no ordenamento, conforme preceitua o artigo 4º da Lei nº 4.567/42. Tal constatação coaduna com a opinião de Reale, pois os princípios " condicionam e orientam a compreensão do ordenamento jurídico, quer para a sua aplicação e integração, quer para a elaboração de novas normas".[59]

Pode-se dizer que os princípios seriam verdadeiros guias utilizados pelos operadores do Direito em suas atividades, porquanto serviriam não só para ajudar o intérprete a formular uma solução para um determinado caso, como também, para integrar todo o sistema jurídico.

Em virtude da importância dos princípios, há casos em que o legislador confere-lhes um *status* de lei, incluindo-o no ordenamento legal. Porém, em regra, os princípios não são positivados, estando presentes genericamente em diversas disposições não legais e obtidos de forma indutiva. Ambos, contudo, objetivam a obtenção de um resultado perfeito, dentro dos valores predominantes em determinado contexto social.

Enfim, os princípios são essenciais para a real compreensão do fenômeno jurídico, autorizando observar seus limites e seus objetivos sempre atentos aos valores da sociedade em que estejam inseridos. Nos dizeres de Canotilho, "o direito do estado constitucional democrático e de direito leva a sério os princípios, é um direito de princípios".[60]

No Direito Educacional alguns princípios foram positivados objetivando uma maior eficácia no sistema jurídico educacional, o que faz serem merecedores de uma exposição especial. Os referidos princípios estão dispostos no

---

[58] MELLO, Celso Antonio Bandeira de. *Elementos de direito administrativo*. São Paulo: Revista dos Tribunais, 1988. p. 230.

[59] REALE, 2003, p. 304-305.

[60] CANOTILHO *apud* MEDINA, José Miguel Garcia. *Execução civil*: princípios fundamentais. 2. ed. São Paulo: Revista dos Tribunais, 2002. p. 37.

artigo 206 da Constituição Federal, repetidos pelo artigo 3° da Lei n° 9.394/96. Para uma melhor análise desses princípios, faz-se conveniente a transcrição do texto constitucional:

Art. 206. O ensino será ministrado com base nos seguintes princípios:

I – igualdade de condições para o acesso e permanência na escola;

II – liberdade de aprender, ensinar, pesquisar e divulgar o pensamento, a arte e o saber;

III – pluralismo de idéias e de concepções pedagógicas, e coexistência de instituições públicas e privadas de ensino;

IV – gratuidade do ensino público em estabelecimentos oficiais;

V – valorização dos profissionais da educação escolar, garantidos, na forma da lei, planos de carreira, com ingresso exclusivamente por concurso público de provas e títulos, aos das redes públicas;

VI – gestão democrática do ensino público, na forma da lei;

VII – garantia de padrão de qualidade;

VIII – piso salarial profissional nacional para os profissionais da educação escolar pública, nos termos de lei federal.[61]

A igualdade de condições para o acesso e permanência na escola é uma derivação da igualdade jurídica entre as pessoas, preceito disposto no *caput* do artigo 5° do Texto Fundamental. Tal princípio visa evitar que as diferenças sócio-econômicas venham a privilegiar uns em detrimento de outros no processo educacional. Assim, além de impedir uma diferenciação em razão de raça, cor, religião ou de ideologia do aluno ou de seus pais busca, também, evitar a distinção entre os brasileiros e os estrangeiros que desejam ter acesso e/ou permanecer na escola. Para Bastos,

O inc. I do art. 206 sob comento favorece o acesso e a permanência na escola tanto dos estudantes brasileiros quanto dos estrangeiros, sem fazer qualquer distinção entre eles. Fica estabelecido, assim, que os estrangeiros aqui radicados, desde que com permissão governamental, têm o direito de matricular-se nas escolas públicas.[62]

Igualmente como ocorre com o inciso I do artigo supra, o inciso II também guarda estrita relação com outro princípio básico do estado democrático de direito, qual seja, o da liberdade, estampado no inciso IX do artigo 5° da nossa Carta Maior. Tal preceito garante a autonomia dos professores em suas atividades de instrução (liberdade de cátedra), permitindo adotarem métodos pedagógicos e convicções para conseguirem desenvolver o ensino em toda sua grandeza. Há também a liberdade na busca pelo conhecimento, atividade exercida pelos educandos para que possam desenvolver suas idéias e aptidões

---

[61] BRASIL. Constituição (1988). *Constituição da república federativa do Brasil*. Disponível em: <http://www.planalto.gov.br/ccivil_03/Constituicao/Constitui%C3%A7ao.htm>. Acesso em: 14 abr. 2008.

[62] BASTOS, Celso Ribeiro; MARTINS, Ives Granda. *Comentários à Constituição do Brasil*: promulgada em 5 de outubro de 1988. vol. 8. São Paulo: Saraiva, 1998. p. 427.

livres de qualquer imposição ideológica. Di Dio demonstra a magnitude deste princípio:

> A liberdade de ensino, entendida como a liberdade intelectual de pessoas que participam do processo educativo, é hoje reconhecida como um dos princípios fundamentais da educação de uma sociedade. Esse princípio é proclamado não só por seu valor intrínseco, uma vez que constitui um dos anseios básicos do homem, como também porque propicia o desenvolvimento do espírito crítico, o progresso do conhecimento e a melhoria da convivência social.[63]

Entretanto, a liberdade de ensino não pode ser exercida de modo absoluto, posto que possui limites encontrados noutros princípios constitucionais. Logo, o aludido dispositivo será sempre aplicado, em toda sua plenitude, desde que sejam respeitadas as normas vigentes no País.

A educação deve propiciar a liberdade da manifestação de diversas ideologias. Assim, mais uma vez, os princípios fundamentais da democracia aparecem inseridos no Direito Educacional, tendo a educação o papel de proporcionar a busca pelo desenvolvimento do educando, devendo ser realizada pelo confronto de idéias, concepções, sistemas e doutrinas. Esse pluralismo certifica, ainda, a multiplicidade de instituições de ensino, podendo ser privadas e públicas, com metodologias e ideologias diferentes, sempre proibindo a existência de um monopólio na área da educação, seja ele público ou privado. Pensamento perfilhado por Pereira de Souza:

> A coexistência de instituições públicas e privadas de ensino traduz, na prática, a objetivação do princípio da liberdade de ensinar, além de corresponder à idéia de pluralismo, a que se refere o inciso III. Como é um princípio de direito, a abertura de escolas particulares, se bem fiscalizada pelo Poder Público, não se caracteriza como uma concessão estatal, como defendem alguns juristas ligados ao Direito Constitucional e Administrativo. A concessão supõe monopólio estatal de determinada atividade e isso não ocorre no caso da educação brasileira.[64]

O inciso IV do artigo 206 consagra a gratuidade do ensino público em estabelecimentos oficiais, estendendo-o em todos os níveis, na medida em que não restringe. O citado inciso busca propiciar aos estudantes carentes o prosseguimento nos estudos e seu acesso aos níveis mais elevados, possibilitando-lhes oportunidades que de outra forma não teriam.

Com a atual redação do texto constitucional não há mais a controvérsia que permeava a área educacional no passado, se o ensino superior poderia ou não ser pago. Boaventura ensina que com a atual "diretriz, terminou a discussão acerca do ensino público pago em universidade pública".[65] Todavia, por força do artigo 242 do mesmo *códex*, o princípio não se aplica às instituições

---

[63] DI DIO *apud* JOAQUIM, 2006.

[64] SOUZA; SILVA, 1997, p. 12.

[65] BOAVENTURA, Edivaldo. A educação na constituição de 1988. *Revista de Informação Legislativa*. Brasília, ano 29, n. 116. out./dez. 1992. p. 277.

educacionais criadas por lei estadual ou municipal, existentes na data da promulgação da Constituição de 1988, que não sejam mantidas preponderantemente por recursos públicos, daí ser possível existirem instituições públicas, estaduais ou municipais, que cobram pelos serviços educacionais.

Questão que ainda persiste sobre esse princípio é a sua aplicação prática, pois por um lado expressa o desejo da universalização da educação, de outro, sacrifica recursos destinados à educação fundamental. Nesse caso, não é possível obter um ensino de qualidade sem que os professores tenham seu devido reconhecimento e valorização. Em virtude disso, a Constituição Federal traz um dispositivo que atinge a questão, no qual determina a valorização dos profissionais do ensino (artigo 206, inciso V). O citado dispositivo, mais do que reconhecer a necessidade da valorização dos educadores, eleva-o à condição de princípio do Direito Educacional, incorporando-o no sistema jus-educacional. O artigo 67 da Lei nº 9.394/94 (Lei de Diretrizes e Bases) encontra-se no mesmo sentido do preceito constitucional, garantindo aos profissionais da educação uma série de direitos para proporcionar-lhes a valorização.

O inciso VIII do Texto Fundamental garante aos profissionais do ensino um piso salarial nacional, princípio esse inserido no inciso V, pois é uma forma de valorizar o profissional da educação com uma melhor remuneração. Assim, empregar-se-á o inciso VIII como sendo um princípio implícito no da valorização do profissional do ensino. Por oportuno, destaca-se a aprovação do projeto de lei nº 7.431/06 na Comissão de Constituição e Justiça e de Cidadania da Câmara dos Deputados, o qual fixa um piso salarial para os professores do ensino público infantil e fundamental. Tal medida se enquadra perfeitamente no princípio da valorização dos profissionais do ensino, conforme artigo 206, incisos V e VIII, ambos da Magna Carta.

Outro princípio do Direito Educacional garantido constitucionalmente foi o da gestão democrática nos estabelecimentos de ensino públicos, que visa integrar à comunidade escolar outros setores da sociedade, além dos próprios professores, pais e alunos. O dispositivo constitucional sob comento não é norma auto-aplicável, posto que encarrega à lei ordinária a forma desse tipo de gestão. A Lei 9.394/96 cumpriu essa determinação, estipulando em seu artigo 14 os princípios da gestão democrática dos estabelecimentos de ensino públicos, quais sejam, a participação dos profissionais da educação na elaboração do projeto pedagógico da escola e participação das comunidades escolar e local em conselhos escolares ou equivalentes.

A expressão "gestão democrática" é ambígua, sendo incerta sua real definição, "no máximo, pode-se contrapô-lo à gestão 'autoritária', e assim dela deduzir a justificação e a prestação de contas das decisões, a oitiva, quando cabível e possível, dos interessados".[66] Segundo Boaventura,

gestão democrática do ensino público, na forma da lei; é um dispositivo que direciona não somente a eleição para as escolas, faculdades e institutos, diretorias, chefias e reitorias, mas, também, inspira o processo de democratização no acesso e no processo de ensino; por ele, pais, professores, alunos, servidores e setores outros da comunidade vêm a colaborar com a escola.[67]

O princípio da gestão democrática é salutar, pois agrega à instituição de ensino membros da sociedade que visam desenvolver a educação prestada no local, contribuindo, sem dúvida, na melhora da qualidade do ensino, além de fiscalizar as autoridades que desempenham atividades de direção.

A garantia do padrão de qualidade do ensino ganha projeção de princípio do Direito Educacional por força do inciso VII do artigo 206 da Constituição Federal. O que se espera com esse princípio é que o ensino corresponda aos padrões de qualidade e necessidades da sociedade, excedendo a um mínimo aceitável, pois é a partir desse piso que é possível julgar se o ensino prestado está condizente com um padrão de qualidade ou não.

Esse princípio está relacionado com o artigo 211 da nossa Constituição Federal, que estabelece, em seu parágrafo 1º, que a União exercerá, em matéria educacional, função redistributiva e supletiva, de forma a garantir um padrão mínimo de qualidade do ensino mediante assistência técnica e financeira aos Estados, ao Distrito Federal e aos Municípios.

Há diversas formas de se obter um padrão de qualidade, entre elas: contratação e manutenção de professores qualificados nas escolas, boas instalações das instituições de ensino, laboratórios modernos, computadores, bibliotecas e material didático de boa qualidade e acessível a todos. O referido princípio é de suma importância para países em desenvolvimento, os quais ainda não obtiveram bons resultados em pesquisas internacionais que mensuram a qualidade do ensino prestado.

Enfim, os princípios jurídicos trazem ao Direito Educacional bases que permitem a compreensão de uma situação concreta envolvendo a educação, bem como são ferramentas de integração do conjunto de regras e construções ideológicas que permeiam a atividade educacional. Logo, "os princípios que regem a Educação nacional, enunciados no texto constitucional, devem ser ajustados, na sua aplicação, a situações reais".[68] Portanto, cabe a todos que estão envolvidos com a educação observá-los em suas atuações diárias.

---

[66] FERREIRA FILHO *apud* BASTOS; MARTINS, 1998, p. 460.

[67] BOAVENTURA, 1992, p. 277.

[68] SOUZA *apud* GOLDSCHIMIDT, Rodrigo. *O princípio da proporcionalidade no direito educacional.* Passo Fundo: UPF, 2003. p. 49.

1.5. Direito à educação como direito fundamental

O presente tópico versará sobre o Direito à Educação como um direito fundamental. Assim, não obstante a importância da temática, faz-se necessára uma breve introdução acerca do conceito de direito fundamental para, então, poder-se realizar uma conexão com o Direito Educacional.

A literatura jurídica diverge sobre a conceituação de direito fundamental. Para Silva os direitos fundamentais "são aquelas prerrogativas e instituições que [o Direito Positivo] concretiza em garantias de uma convivência digna, livre e igual",[69] indispensáveis à conduta humana. Araújo e Nunes Júnior, no mesmo sentido, afirmam que "os direitos fundamentais podem ser conceituados como a categoria jurídica instituída com a finalidade de proteger a dignidade humana em todas as dimensões".[70] Portanto, é certo que tais direitos estão intimamente ligados à condição humana e são instituídos para proteger o homem dos excessos, seja de seus semelhantes, seja da atividade estatal. Neste diapasão, cumpre salientar que a Carta Magna brasileira expressa de forma clara que possui, entre outros, os seguintes fundamentos: II – a cidadania, e III – a dignidade da pessoa humana.

Dos fundamentos acima, já seria permitido incluir o direito à educação como um direito fundamental, posto que "a educação assume uma dimensão basilar de construção da cidadania".[71] Entretanto, considerando que há ainda outras correntes que incorporam a educação como um direito fundamental, não se limitará a esse único pensamento.

A Constituição Federal do Brasil relaciona os direitos fundamentais em cinco capítulos, dividindo-os em direitos individuais e coletivos, direitos sociais, nacionalidade, direitos políticos e partidos políticos. A doutrina reconhece-os em gerações, classificando-os em primeira, segunda e terceira gerações. De forma resumida tem-se que "a primeira geração seria a dos direitos de 'liberdade', a segunda, dos direitos de 'igualdade', a terceira, assim, completaria o lema da Revolução Francesa: 'liberdade', 'igualdade' e 'fraternidade'".[72]

É na segunda geração que o homem, já liberto, busca uma nova proteção da sua dignidade, reclamando uma prestação do Estado, visando suprir a hipossuficiência individual para concretizar a igualdade social. Observa-se que neste momento o homem pretende se desenvolver objetivando reduzir as

---

[69] SILVA, José Afonso da. *Curso de direito constitucional positivo*. 26. ed. São Paulo: Malheiros, 2006. p. 178.

[70] ARAUJO, Luiz Alberto David; NUNES JUNIOR, Vidal Serrano. *Curso de direito constitucional*. 5. ed. São Paulo: Saraiva, 2001. p. 81.

[71] BARUFFI, 2008, p. 87.

[72] FERREIRA FILHO, Manoel Gonçalves. *Direitos humanos fundamentais*. São Paulo: Saraiva, 1995. p.57.

desigualdades sociais, porquanto busca uma igualdade entre todos. Fala-se então em direitos sociais, pelo que "inserem-se entre os direitos fundamentais do homem, como uma decorrência direta dos direitos de igualdade e de liberdade".[73] O direito à educação compreende "o direito de igualdade de oportunidades em todos os casos, mas antes de tudo, compreende a capacidade de diminuir as desigualdades sociais e da discriminação, especialmente das classes social e economicamente menos privilegiadas".[74]

Os direitos sociais são atividades exigidas do Estado em prol das pessoas, buscando uma atuação que desenvolva o bem-estar da sociedade. Assim, considerando que o artigo 6º da Constituição Federal inclui a educação como um direito social, não há como negar seu caráter de direito fundamental. Com outra visão que, contudo, atinge o mesmo resultado, Sucupira entende que o direito à educação é um direito fundamental, porém seria uma derivação do direito à vida, pois

> [...] quando se preserva a vida, procura-se protegê-la para que seja uma vida digna, plena, produtiva e feliz. Se assim é, a educação apresenta-se como condição dessa dignidade, plenitude, produtividade e felicidade. Preservar-se a vida sem que, ao mesmo tempo, se criem condições para que o indivíduo desenvolva e atualize todas suas potencialidades, mais do que um absurdo lógico, é uma claudicação moral. Manter-se o indivíduo vivo sem que se lhe garantam as possibilidades de realizar seus anseios naturais é assegurar uma expectativa de antemão frustrada. Mesmo porque o direito à vida não se singe à preservação biológica, mas se estende aos valores psicológicos, sociais, políticos e morais, que, sem um mínimo de educação, não chegarão a existir para o ser humano.[75]

De qualquer forma, já não se discute mais, doutrinariamente, o caráter fundamental que o direito à educação possui, sendo as palavras de Ferraz conclusivas sobre o tema, visto certificar que o direito à educação é um "Direito fundamental, inalienável, de que é titular cada pessoa humana, independentemente de sua raça, origem, sexo, cor, convicções políticas, religiosas etc".[76]

1.6. A educação e as constituições brasileiras

A Constituição Federal é importante para todas as disciplinas do Direito, conseqüentemente, o Direito Educacional não foge à regra, tendo na Constituição sua base estrutural que se repetirá e desencadeará todas as outras regras que versem sobre o fato jus-educacional. A educação adquire um maior vigor jurídico quando se insere no texto constitucional, recebendo tratamento diferenciado, da mesma forma como o recebem os direitos e ga-

---

[73] MOTTA, 1997, p. 157.

[74] BARUFFI, op. cit., p. 88.

[75] SUCUPIRA apud MOTTA, 1997, p. 76-77.

[76] FERRAZ apud BOAVENTURA, 1997, p. 32-33.

rantias fundamentais. Para Paiva é "na Constituição Federal [que] encontra-se o nascedouro do direito à educação e do dever para com a educação, estando também contemplados os princípios norteadores da tarefa educacional".[77] Tal argumento reforça a idéia de que um estudo sobre o papel que a Constituição Federal exerce na educação é não só importante, mas imprescindível para compreender a relação existente entre o Direito e a Educação.

1.6.1. A evolução da educação nas Constituições do Brasil

No que se refere à evolução educacional na Constituição Federal Brasileira, antes de examinar o que cada uma dispôs sobre o assunto, é necessário atentar-se sobre o que Oliveira manifestou acerca do estudo das constituições passadas:

> Por que analisar o "Capítulo Educação" das Constituições Brasileiras? Para alguns, o estudo deveria limitar-se à Constituição em vigor. Para outros, tratar-se-ia de um mero exercício de curiosidade histórica. Não concordamos com estas posições. Entendemos que este estudo tem sua razão de ser. Ele é revelador do produto dos embates de diferentes correntes, de posições antagônicas, de concepções que prevaleceram, dos avanços possíveis ou dos retrocessos nas relações Estado/Educação em diferentes períodos da história.[78]

Assim, baseado nessa afirmação, pode-se compreender os objetivos deste capítulo.

A educação permeia a Constituição brasileira desde 1824. Em 1824, D. Pedro I outorgou à nação sua primeira carta constitucional, texto marcado pelo centralismo administrativo e político. A Carta Imperial trazia apenas dois enunciados sobre a educação em seu artigo 179, quais sejam, a determinação sobre a instrução primária gratuita e a previsão da criação de colégios e universidades onde seriam ensinados os elementos das Ciências, Belas Artes e Artes. Santos acrescenta que a Constituição de 1824 previa "a obrigatoriedade do ensino da religião católica como parte integrante dos currículos e programas das escolas".[79] Tal obrigatoriedade seria bem coerente, pois, à época, no Estado brasileiro, a religião católica apostólica romana era tida como oficial, nos termos de seu artigo 5°

Importa recordar que o Estado e a Igreja andaram bem próximos por muito tempo, relação que fora intensificada na Idade Média. Na formação do Brasil ocorreu algo semelhante, sendo denominado no seu começo de Terra de Santa Cruz. A aproximação da Igreja com o Estado brasileiro chegou ao seu ápice em 25 de março de 1824 com a edição da Constituição Política do

---

[77] PAIVA, 2007, p. 113.

[78] OLIVEIRA apud BOAVENTURA, 1997, p. 127-128.

[79] SANTOS, Clóvis Roberto dos. Direito à educação: a ldb de a a z. São Paulo: Avercamp, 2008. p. 24.

Império do Brasil. Como já mencionado, foi nessa Carta que o país consagrou a religião católica como sendo oficial.

Foi pelo decreto nº 119-A, de 7 de janeiro de 1890, que o Estado brasileiro se dissociou da Igreja Católica; contudo, somente na Constituição Federal de 1891 consagrou-se a laicidade do país. O termo remete à idéia de neutralidade sendo, então, o Estado laico "indiferente às diversas igrejas que podem livremente constituir-se [...]",[80] não estando ligado a nenhuma. Assim, tem-se resumidamente uma visão sobre a comunhão que prevalecia na Constituição de 1824 e que influenciava substancialmente o ensino no Brasil.

Em 24 de fevereiro de 1891 foi promulgada a 2ª Constituição Federal do Brasil, que teve entre um de seus maiores idealizadores a figura de Rui Barbosa. A aludida Carta adotava como forma de governo a República Federativa, forma que fora proclamada pelo Decreto nº 1, de 15 de novembro de 1889.

A Constituição de 1891, igualmente a de 1824, não deu muita atenção para a educação, estabelecendo, apenas, a competência do Congresso Nacional para legislar sobre o ensino superior; a permissão para os Estados e o Distrito Federal criarem instituições de ensino superior e secundário e atribuindo competência para os Estados, concorrentemente com a União, legislarem sobre o ensino secundário e primário. Cumpre destacar que, em decorrência do decreto nº 119-A, a Carta Magna de 1891 tornou o ensino ministrado nos estabelecimentos públicos leigo, isto é, não haveria influência religiosa no ensino público brasileiro (artigo 72, parágrafo 6º). Muito embora Rui Barbosa tenha elaborado excelentes pareceres sobre a educação nos anos de 1882 e 1883, esses trabalhos não foram suficientes para que a Constituição de 1891 contemplasse mais o ensino no Brasil.

Tanto a Carta Imperial de 1824 como a Federalista de 1891 não visaram estabelecer uma relação estreita entre a Constituição e a educação, pois tinham, pela conjuntura em que estavam inseridas, objetivos mais estruturais e políticos, do que propriamente organizacionais. Por essa razão, uma grande gama de doutrinadores considera a Constituição de 1934, a qual será vista a seguir, como a primeira a tratar a educação com a atenção que lhe é devida.

Sob a influência da Constituição alemã de Weimar, que ascendeu os direitos sociais à esfera constitucional, o Texto Fundamental de 1934 concedeu um título próprio versando sobre a ordem econômica e social, sobre a família, a educação e a cultura. Assim, consagrava os ideais sociológico-democratas vigentes naquele momento. A educação recebeu uma atenção especial pelos constituintes de 1934, merecendo um capítulo destinado a ela. A Constituição

---

[80] BASTOS, Celso Ribeiro. *Curso de direito constitucional.* 17. ed. São Paulo: Saraiva, 1996. p. 178.

de 1934, em matéria educacional, foi considerada vanguardista, inspirada no Manifesto dos Pioneiros da Escola Nova. Santos destaca que:

> 1) Pela primeira vez falou-se em diretrizes e bases da educação nacional, cabendo à União legislar privativamente sobre elas, enquanto os Estados teriam a incumbência de difundir a educação pública em todos os níveis, graus e modalidades.
>
> 2) A educação foi definida como um direito de todos e um dever do Estado e da família, como na Constituição atual de 1988.
>
> 3) Caberia, ainda, à União elaborar o Plano Nacional de Educação e determinar e fiscalizar as condições de reconhecimento das escolas de nível secundário e superior.
>
> 4) Caberia, também, à União manter o ensino do Distrito Federal e dos demais Territórios e, supletivamente, ajudar os Estados na manutenção das escolas.
>
> 5) O ensino religioso, não específico de uma religião ou seita, deveria existir como disciplina facultativa e integrante do horário das escolas oficiais.
>
> 6) Foi instituída a liberdade de cátedra, o que significou grande avanço, pois permitia ao professor titular (na época, catedrático) de uma disciplina organizar o próprio plano de ensino.
>
> 7) Pela primeira vez foram determinados recursos financeiros para a educação, ficando a União e os Municípios responsáveis pela aplicação, em educação, de 10% e os Estados e o Distrito Federal de 20% da renda resultante de impostos.[81]

Getúlio Vargas, aos 10 de novembro de 1937, após já ter dissolvido a Câmara dos Deputados e o Senado Federal, outorga a nova Lei Maior do Estado brasileiro, "implantando a nova ordem denominada 'Estado Novo'".[82] O seu texto era marcado por um traço fortemente autoritário, uma vez que fora inspirado na Constituição polonesa, razão que fez a Lei Maior brasileira ficar conhecida como a "polaca."

Os ideais que marcaram a Constituição anterior, em matéria de educação, foram refreados no texto de 1937, sendo que a matéria não foi tema de destaque como ocorrera outrora, pois "a Constituição outorgada pelo presidente Getúlio Vargas, em 1937, não se refere a qualquer sistema de ensino, nem federal, nem, muito menos, estadual",[83] e ainda, a dotação de recursos financeiros à educação prevista no texto constitucional de 1934 foi eliminada do texto legal. Muito embora a educação na Constituição Federal de 1937 tenha como destinatários as classes menos favorecidas, ainda havia uma grande divisão no ensino prestado no país, especialmente em razão da classe econômica, isso porque houve uma institucionalização da "[...] dicotomia já presente na educação brasileira desde o descobrimento: a escola de boa qualidade para uns poucos privilegiados e outra, de má qualidade, para a maioria, ou na linguagem de ricos e poderosos: a escola (de boa qualidade) para nossos filhos

---

[81] SANTOS, 2008, p. 25-26.

[82] SILVA, 2006, p. 82

[83] BOAVENTURA, 1997, p. 131.

e a escola (de qualidade bem inferior) para os filhos dos outros (os pobres, evidentemente)".[84]

Alguns aspectos positivos que a Constituição de 1934 concedeu à educação, extintos em 1937, foram retomados pela quinta Carta Magna, qual seja, a de 1946, promulgada em 18 de setembro de 1946, retomando, também, os ideais democratas.

Essa Constituição inovou a organização do sistema de ensino brasileiro, tendo em vista que o descentralizou e incumbiu aos Estados e ao Distrito Federal a tarefa de organizar e manter os seus sistemas de ensino, assim reconhecidos explicitamente pelo artigo 171. O sistema de ensino federal teria, naquele momento, caráter de supletividade, ou seja, iria auxiliar no desenvolvimento dos sistemas de ensino locais, preenchendo as lacunas ou deficiências existentes.

Em 1964, as Forças Armadas tomaram o poder e com isso foi elaborada uma nova ordem constitucional em 1967. A Carta de 1967 não introduziu muitas mudanças na área educacional, mas caracterizou-se pela semelhança que tinha com a de 1937, posto que aboliu a garantia do percentual mínimo de recursos destinados à manutenção e desenvolvimento do ensino. A Constituição de 1967 valorizou o ensino privado, sendo merecedor de amparo técnico e financeiro do poder público, nos termos do artigo 168, parágrafo 2º

Aos 17 de outubro de 1969 foi aprovada a Emenda Constitucional nº 1, reformulando significativamente a Constituição vigente, a ponto de ser considerada por muitos doutrinadores uma nova Constituição. Viu-se um retrocesso na política educacional do país, iniciado na Carta Magna de 1967, em que se destacam, negativamente, dois pontos: eliminação da liberdade de cátedra, fruto da Constituição de 1934 e restrição ainda maior da dotação orçamentária para a educação. Sobre essa última questão, cabe recordar que a vinculação dos recursos foi restaurada pela emenda João Calmon (Emenda Constitucional nº 24).

Pelo exposto, percebe-se que a Constituição Federal brasileira tratava a educação com maior atenção sempre que se iniciavam no país movimentos democráticos, permitindo uma descentralização do ensino. Todavia, os retrocessos sempre ocorriam, toda vez que as constituições derivavam de governos autoritários. Assim, tem-se um breve relato do desenvolvimento da educação nas Constituições Federais do Brasil.

1.6.2. A educação na Constituição Federal de 1988

A Constituição Federal de 1988 deu-se num momento de efervescência política em torno de uma redemocratização nacional, rompendo com o auto-

---

[84] SANTOS, 2008, p. 26.

Autonomia Universitária e Direito Educacional

ritarismo marcante dos regimes militares anteriores que perduraram de 1964 até 1984. O texto elaborado pela Assembléia Nacional Constituinte possui em sua estrutura nove títulos, alterando todos os setores da sociedade brasileira, contudo, merecem destaques os títulos II e VIII, que versam sobre os direitos e garantias fundamentais e da ordem social, respectivamente.

Ademais, a Constituição, além desses, ainda traz outros dispositivos referentes à matéria, dispersos no texto constitucional. Boaventura enaltece essa abrangência de dispositivos pertinentes à educação quando diz que "a Constituição é ampla, incluindo temas que, anteriormente, ou estavam ausentes ou eram tratados de forma tímida pela legislação ordinária".[85] Dessas palavras é possível compreender que a Constituição de 1988 não se omitiu quando tratou do tema educacional.

O título II da Constituição Federal não será observado atentamente, haja vista já ter sido objeto de estudo em tópico anterior, porém faz-se mister recordar que o artigo 6º em conjugação com o artigo 205 eleva a educação ao nível de direito fundamental do homem, concedendo ao tema uma maior relevância.

Os artigos 22 e 24 tratam da competência legislativa concedida à União, Estados, Distrito Federal e Municípios para elaborarem leis pertinentes à educação. O artigo 23, por sua vez, determina a obrigação de proporcionar meios de acesso à educação a todos os entes federativos. A questão educacional é tão importante na Constituição Federal que o desrespeito passível de prejudicá-la permite até a intervenção da União nos Estados, Distrito Federal e nos Municípios, nos termos do artigo 34, inciso VII, alínea "e", e do artigo 35, inciso III.

Merecem atenção agora os artigos 205 a 214, inseridos na Seção I – Da Educação, do Capítulo III – Da Educação, da Cultura e do Desporto, do Título VIII – Da Ordem Social, pois são os enunciados legais que tratam a educação de forma minuciosa, onde estabelecem os princípios e os fundamentos do sistema educativo brasileiro. Motta alega que a enunciação dos princípios e das bases da educação na Constituição Federal facilita todo o entendimento da legislação educacional ressaltando, assim, a importância dos artigos constitucionais:

> Fica, portanto, muito mais fácil o entendimento e a interpretação da lei, se sua leitura for precedida por um conhecimento dos princípios que a nortearam e que estão contidos nos dez artigos da Seção "Da Educação", (205 a 214), do Capítulo "Da Educação, da Cultura e do Desporto", o qual faz parte do Título VIII "Da Ordem Social" da Constituição Federal.[86]

A seção específica inicia-se com duas declarações: por um lado, designa a quem compete prover a educação e, por outro, aponta os objetivos gerais

---

[85] BOAVENTURA, 1997, p. 143.

[86] MOTTA, 1997, p. 153.

que terá. Assim, "é preciso formar o homem, o cidadão e o produtor de bens e serviços",[87] como leciona Poignant sobre os objetivos trazidos no artigo 205 do Texto Fundamental.

O artigo 206 da Constituição contempla a principiologia constitucional do direito educacional e do ensino, já abordada anteriormente. Os artigos 207 a 214 restringem-se à educação formal, pois é a parte que reclama uma maior atuação do Estado. Desses artigos, o artigo 207 será tratado em momento específico na presente obra.

Para que a educação seja, de fato, proporcionada com qualidade e o Estado cumpra com o seu dever constitucionalmente estabelecido, o artigo 208 elenca várias garantias para a consecução dessa determinação trazendo, inclusive, a responsabilidade da autoridade competente em caso do poder público não oferecer o ensino obrigatório ou o fazer de forma irregular. Como descrito por Bastos, "o art. 208 da Constituição [...] é uma norma de natureza programática, é dizer uma norma social que tem como escopo conceder aos cidadãos direitos contra o Estado".[88] O ensino obrigatório a que a Constituição faz referência é o ensino fundamental, compreendendo um período de nove anos que vai do 1º ao 9º ano, iniciando-se aos seis anos de idade, conforme a Lei nº 11.274/06.

A Carta Magna permite que a iniciativa privada atue na educação, para tanto estabelecendo as condições para seu desenvolvimento no artigo 209. Esse artigo demonstra a preferência pelo ensino público, pois a iniciativa privada "embora livre é, no entanto, meramente secundária e condicionada",[89] posto que é obrigação do poder público o dever com a educação, não podendo o Estado delegar à atividade privada, assumindo um papel supletivo. Cumpre observar, ainda, que o particular somente poderá exercer a atividade educacional se, e tão somente se, obtiver autorização do poder público.

A Constituição Federal, preocupando-se com as diversidades regionais existentes no Brasil, estabelece no artigo 210 que será fixado um conteúdo mínimo nos currículos do ensino fundamental, cabendo essa tarefa à lei infraconstitucional. Conforme afirma Bastos:

> O conteúdo mínimo tem como finalidade manter a unidade dos currículos em todo o País e ao mesmo tempo manter uma parte diversificada, capaz de atender às peculiaridades e características de cada região, aos planos das escolas e às diferenças individuais existentes e necessárias dos educandos.[90]

---

[87] POIGNANT *apud* BOAVENTURA, 1997, p. 145.

[88] BASTOS; MARTINS, 1998, p. 509.

[89] SILVA, 2006, p. 313.

[90] BASTOS; MARTINS, op. cit., p. 594.

O artigo 210 afirma também que o ensino fundamental será ministrado na língua portuguesa, sendo assegurada, contudo, a utilização da língua materna para as comunidades indígenas, ao passo que o ensino religioso deverá ser realizado de forma facultativa nos estabelecimentos de ensino públicos fundamentais.

Dentre as inovações trazidas pela atual Constituição Federal, evidencia-se a possibilidade do Município organizar seu próprio sistema de ensino. Vale lembrar que isso nunca havia ocorrido na história das constituições, pois somente cabia à União e aos Estados-membros elaborarem sistemas de ensino, cabendo ao Município, "quando muito [um] sistema de ensino tão-somente do ponto de vista administrativo, não podendo estabelecer normas educacionais".[91] Assim, a Constituição permite a municipalização do ensino, definindo nos parágrafos do artigo 211 a parcela de obrigação que cada sistema terá.

Para que os sistemas de educação possam realizar suas atribuições nos termos do parágrafo 2º do artigo 208, faz-se necessária uma considerável quantidade de recursos financeiros. Na atual Carta Magna "[...] o planejamento e o financiamento da educação ocupam com certa riqueza de detalhes boa parte do regime jurídico da educação",[92] devidamente dispostos no artigo 212 da Constituição Federal. O referido artigo dispõe sobre percentuais mínimos a serem aplicados na manutenção e no desenvolvimento do ensino, cabendo à União, no mínimo, 18% e aos Estados, Distrito Federal e Municípios, 25% da receita resultante dos impostos.

Nesse ínterim, o artigo 213 da Lei Maior prescreve que os recursos públicos deverão ser distribuídos às escolas oficiais, porém assegura a destinação de verbas públicas a escolas comunitárias, confessionais ou filantrópicas que atendam os requisitos estabelecidos no mesmo artigo. Para Bastos,

> fica estabelecido, de acordo com o preceito contido no art. 213 da Constituição, que a prioridade de distribuição dos recursos públicos deve recair precipuamente sobre as escolas públicas. Contudo, existe a possibilidade de se destinarem os recursos públicos às escolas comunitárias, confessionais ou filantrópicas, definidas por lei. Esse benefício não será concedido aleatoriamente, mas sim de acordo com a determinação e o entendimento de lei infraconstitucional. [...] Cumpre dizer que um dos objetivos do dispositivo constitucional sob comento é impedir que os recursos públicos sejam destinados a entidades de ensino com finalidade lucrativa.[93]

O último artigo inserido na seção específica da educação trata do plano nacional de educação, de duração plurianual, que deverá desenvolver o ensino em diversos níveis. O desenvolvimento será realizado através da atuação coordenada "dos sistemas de ensino federal, estadual, municipal [...] de modo

---

[91] BOAVENTURA *apud* BASTOS; MARTINS, 1998, p. 613.

[92] BOAVENTURA, 1997, p. 156.

[93] BASTOS; MARTINS, op. cit., p. 662.

que se possa cumprir e efetivar todos os objetivos contidos"[94] nos incisos do artigo 214 da Constituição Federal.

Pelo exposto, é perceptível que a Constituição de 1988 tratou de forma abrangente a matéria educacional, determinando as obrigações, os objetivos e os meios para garantir sua efetividade. Contudo, é preciso reforçar que, além dos dispositivos analisados nesse tópico, há muitos outros que versam sobre a educação no texto constitucional, consagrando a magnitude da matéria, bem como servindo para defender os direitos educacionais.

1.7. Direito educacional comparado

"Comparar é um recurso fundamental nas atividades de conhecer",[95] assim, o fato de cada Estado possuir seu próprio direito interno, certamente, faz existir vários ordenamentos jurídicos diferentes, e em virtude disso o direito comparado visa estudar as diferenças e as semelhanças entre os diversos ordenamentos jurídicos. No Direito Educacional não ocorre diferente, pois há duas tradições que se confrontam com relação à matéria jus-educacional, o que motiva a comparação entre as tradições da *civil law* e o *common law*.

> O confronto entre duas tradições, *civil law* e *common law*, tem propiciado pontos de encontro na prática da Administração Educacional. [...] A comparação objetiva ressaltar as peculiaridades dessas duas tradições legais. Se a legislação tipifica o nosso Direito Educacional, a jurisprudência, por seu turno, exerce decidida influência na proteção aos direitos educacionais norte-americanos.[96]

Boaventura cita o Direito Educacional norte-americano como contraponto ao brasileiro, pois ambos são vertentes das maiores tradições do direito ocidental, correspondentes de duas experiências culturais diferentes. Analisando-os é possível extrair suas idéias, não desejando, contudo, procurar descobrir qual é o melhor, pois, como pontua Reale "Seria absurdo pretender saber qual dos dois sistemas é o mais perfeito, visto que não há Direito ideal senão em função da índole e da experiência histórica de cada povo".[97]

A tradição romanística ou continental (*civil law*) emana dos fundamentos filosóficos do racionalismo francês, acentuando-se após a Revolução Francesa, e influencia todos os direitos nacionais que foram inspirados no direito romano. Caracteriza-se pela forte presença do elemento legislativo, fundado, principalmente, nas leis escritas que serão posteriormente aplicadas pelos juristas e tribunais.

---

[94] BASTOS; MARTINS, op. cit., p. 674.

[95] LOURENÇO FILHO, 2004, p. 17.

[96] BOAVENTURA, 1997, p. 89.

[97] REALE, 2003, p. 142.

Em via contrária está o *common law*, tradição introduzida pelos povos anglo-saxões a partir de decisões judiciais, tratando-se de "um direito misto, costumeiro e jurisprudencial".[98] Nos Estados que adotam este sistema o direito se consolida por precedentes judiciais, ou seja, solucionam-se os casos atuais respeitando as decisões judiciais anteriores que versaram sobre situações semelhantes. Assim, tem-se o sistema *case law* (lei-caso), elevando os costumes na aplicação do direito.

Embora as duas tradições tenham muitas diferenças, a tendência atual é que ambos tornem-se híbridos, isto é, os que adotam a *common law* têm editado cada vez mais leis e os que privam pela *civil law* valorizam a jurisprudência, vide o exemplo das súmulas vinculantes. Segundo Reale:

> [...] nos últimos anos, [as tradições] têm sido objeto de influências recíprocas, pois enquanto as normas legais ganham cada vez mais importância no regime do *common law*, por sua vez, os *precedentes* judiciais desempenham papel sempre mais relevante no Direito de tradição romanística.[99]

Para o direito educacional importa averiguar as influências que o *common* law e o *civil* law geram para esta disciplina, especialmente, no processo legislativo educacional e na atividade jurisdicional educacional. Nesse mesmo sentido, se a Constituição brasileira, por um lado, trata de forma exaustiva o processo de ensino-aprendizagem, ou seja, dita as bases do Direito Educacional, "a Constituição Americana não contém uma única palavra acerca da educação nem sobre ensino",[100] nem por isso interfere menos neste assunto, pois a Suprema Corte trata de dar constantes interpretações ao texto e suas emendas, tendo nas inúmeras interpretações da cláusula 1 da seção 8 do artigo I, que trata do *general welfare* (bem-estar geral) sua principal cláusula de apoio. Logo, é certo que:

> [...] a interpretação pelo mais alto tribunal norte-americano, no que concerne à educação, talvez seja a principal contribuição do governo federal na área do ensino. No caso da educação, como de resto nos demais, tudo é atribuído à forte posição dos magistrados no sistema do *common law* que, com segurança, estabelecem julgados seguindo o precedente com força de lei.[101]

Por seu turno, no direito educacional brasileiro a contribuição do governo federal para a área da educação se dá com uma excessiva quantidade de leis (constituição, leis complementares, ordinárias, resoluções, portarias, regulamentações etc) que visam disciplinar todos os aspectos educacionais, desde as estruturas básicas até a obrigação de realizar a "chamada" dos alunos.

---

[98] REALE, 2003, p. 142.

[99] Ibid., p. 142-143.

[100] BOAVENTURA, 1997, p. 98.

[101] PRINCHETT *apud* BOAVENTURA, 1997, p. 99.

Entretanto, sobre a participação do Poder Judiciário no Direito Educacional, mister considerar que no sistema do *common law* há uma primazia à jurisprudência, fato que não se constata no sistema jurídico do *civil law*, pois nesta os juízes apenas aplicam e interpretam as leis, mas não a vinculam a outros casos semelhantes, salvo quando sumulados. No direito oriundo do *common law* os "julgados permeiam todas as obras de Direito Educacional",[102] ao passo que nos Estados que possuem seu sistema jurídico derivado da tradição continental, os livros sobre o mesmo assunto não concedem tanta ênfase à jurisprudência educacional.

Do cotejo das tradições, forma-se a idéia de que nos Estados cuja cultura jurídica deriva do *common law* "a presença das decisões judiciais influi decisivamente no Direito da Educação [Direito Educacional]",[103] em contrapartida, a lei predomina na estrutura jus-educacional dos países que possuem tradição romanística ou continental.

2. A universidade

O presente capítulo tem por escopo aludir os pontos diferenciais da universidade frente às demais instituições de ensino superior. Para desenvolver tal objetivo serão abordadas as características históricas, estruturais e legais da universidade. Além dos tipos de instituições, observar-se-á as modalidades de universidades e sua inserção local em diversos paises. Por fim, partido-se das analises apresentadas, propõem-se uma definição para o instituto denominado universidade.

2.1. As normas reguladoras do ensino superior

O ensino superior brasileiro está estabelecido por um conjunto de normas e regras contidas, basicamente, na Constituição Federal, nas Leis n°s 9.394/96, 9.131/95, 9.192/95 e no Decreto n° 5.773/06. Além dessas, existem também diversas resoluções, portarias, deliberações, entre outros atos normativos que tratam e regulam o sistema de ensino superior brasileiro. A Constituição Federal, além dos dispositivos que abordam a educação e são também aplicáveis nesse nível de ensino, trata do ensino superior em quatro artigos específicos, os quais já foram comentados. À exceção do artigo 207, que versa sobre a autonomia universitária e, portanto, será visto num momen-

---

[102] BOAVENTURA, 1997, p. 107.

[103] Ibid., p. 110.

to oportuno, "as demais previsões têm conteúdo programático, e apenas tangenciam os temas do dever do Estado, do acesso, da oferta e do financiamento do ensino superior".[104]

Já a Lei n° 9.394/96 (Lei de Diretrizes e Bases) serve como base da educação nacional e, por conseqüência, da educação superior. A citada lei não trata de assuntos particulares ou locais, nem por isso é menos importante, uma vez que vincula todos os sistemas de ensino superior às regras gerais dispostas no seu texto. De acordo com Souza e Silva os artigos que integram o capítulo do ensino superior "[...] cuidam de algumas das mais importantes normas referentes à estrutura e ao funcionamento desse grau de ensino".[105]

O artigo 43 da Lei de Diretrizes e Bases é considerado um dos mais importantes dispositivos dedicados ao ensino superior, pois nele estão compreendidos os objetivos ou finalidades desse grau de ensino. Embora o artigo seja merecedor de elogios de doutrinadores, Souza e Silva posicionam-se em criticar o aludido dispositivo, não por não conter as finalidades corretas, mas por trazer consigo muitas imprecisões em sua redação.

Muitas instituições de ensino superior trazem em seus estatutos as mesmas finalidades encontradas no artigo 43 da Lei n° 9.394/96, porém é preciso observar que nem todas as finalidades são impostas a todos os tipos de instituições de ensino, é o caso do inciso VI que trata da promoção da extensão, assunto onde "[...] estimula-se a promoção de formas adequadas da extensão cultural, visando à formação cultural e profissional dos cidadãos, que não são usuários regulares dos serviços da universidade",[106] frise-se que o termo empregado é universidade, visto que é esta instituição de ensino superior obrigada a promover a extensão. Segue o mesmo pensamento o Parecer CNE/CES n° 670/1997, ao determinar que

> [...] cabe as instituições de ensino superior, portanto, incrementar as finalidades explicitadas nos inciso I a VII do art. 43 da LDB, aprofundando-as na prática e enriquecendo-as com interpretações criativas e novas experiências de educação, capazes de concretizar o direito à educação superior.[107]

Nesse caso percebe-se que, embora o artigo 43 traga a disposição sobre as finalidades a serem atingidas por todo o ensino superior, nem todos dispositivos se prestam a todas as instituições de ensino superior.

A Lei n° 9.131/95 traz atribuições do Ministério da Educação, sendo sua maior contribuição para o ensino superior a instituição da Câmara de

---

[104] RANIERI, Nina Beatriz. *Educação superior, direito e estado*: na lei de diretrizes e bases. São Paulo: EDUSP, FAPESP, 2000. p. 72.

[105] SOUZA; SILVA, 1997, p. 76.

[106] Ibid., p. 76-78.

[107] BRASIL. Conselho Nacional de Educação. Parecer n° 670, da Câmara de Ensino Superior, Brasília, DF, 06 de novembro de 1997. p. 1.

Educação Superior, vinculada ao Conselho Nacional de Educação, a qual possui prerrogativa normativa, deliberativa e de assessoramento, sempre com o fim de aperfeiçoar a educação superior. A Câmara de Educação Superior tem competência para se manifestar sobre todas as questões arroladas no artigo 6° do Decreto 5.773/06, por meio de indicação, parecer e resolução. Já a Lei n° 9.192/95 regulamenta o processo de escolha dos dirigentes universitários.

O Decreto n° 5.773/06 dispõe sobre o exercício das funções de regulação, supervisão e avaliação de instituições de educação superior e cursos superiores de graduação e seqüenciais no sistema federal de ensino. Entre essas funções, incluem-se o credenciamento e recredenciamento de instituições de ensino superior e a autorização, reconhecimento e renovação de reconhecimento de cursos, determinando os elementos que o plano de desenvolvimento institucional deve conter, entre outros assuntos.

Esses são, em síntese, o conjunto das normas que regem a educação superior no Brasil, estabelecendo desde os seus fundamentos até as peculiaridades que envolvem as partes administrativas das instituições de ensino superior.

2.2. Tipos de instituições de ensino superior

O sistema de ensino superior brasileiro contempla uma rede diversificada de instituições que podem ser classificadas segundo dois critérios: o administrativo e o acadêmico. A categoria administrativa (ou de natureza jurídica) é a forma mais simples de classificar as instituições de ensino superior, pois leva em consideração, apenas, as pessoas jurídicas ou físicas mantenedoras das referidas instituições. O artigo 45 da Lei n° 9.394/96 é quem determina essa divisão, estabelecendo que o ensino superior pode ser classificado segundo a instituição onde é ministrado, podendo ser público ou privado, *in verbis*: "A educação superior será ministrada em instituições de ensino superior, públicas ou privadas, com variados graus de abrangência ou especialização." Para Santos

> esta nomenclatura, Públicas e Privadas, embora consagrada e institucionalizada, parece-nos imprópria, porque a educação, a saúde, os transportes, o comércio são serviços públicos, isto é, serviços para o povo, embora, na maioria das vezes, prestados pela iniciativa privada. Melhor seria dividir as instituições de ensino em oficiais e particulares: as primeiras, mantidas por pessoas jurídicas de direito público (União, Estados e Municípios) e as segundas por pessoas físicas ou jurídicas de direito privados.[108]

Críticas a parte, essa divisão existe e é válida. Assim, conforme preceitua o artigo 19 da Lei n° 9.394/96, as instituições públicas são aquelas

---

[108] SANTOS, 2008, p. 43.

que foram criadas ou incorporadas e são mantidas e administradas pelo Poder Público, em contraste com as instituições privadas, que são as mantidas e administradas por pessoas físicas ou jurídicas de direito privado. Ranieri assevera que "se privilegia nesta classificação a dependência em face do ente ou órgão mantenedor, como fator determinante da aplicação do regime jurídico de direito público ou de direito privado".[109]

Ressalte-se que para as instituições públicas não há determinação de que sejam estruturas vinculadas à administração pública indireta, conforme consta no artigo 37, inciso XIX da Constituição Federal; essa omissão existe até porque seria uma "medida inócua, aliás, porque não haveria, no sistema jurídico, outras possibilidades para sua constituição".[110]

A divisão administrativa das instituições de ensino superior comporta ainda outras ramificações. As instituições públicas dividem-se conforme o ente político que as mantém, já as instituições privadas organizam-se entre as que possuem fins lucrativos e as sem fins lucrativos. Quanto aos entes federativos, as instituições estão classificadas em federais, estaduais e municipais. Dúvida neste ponto surge quanto ao sistema de ensino a que se vinculam as instituições públicas, pois para Soares "as IES [instituições de ensino superior] estão vinculadas ao sistema federal de ensino ou aos sistemas estaduais e municipais".[111] Contudo, da análise dos artigos 16, 17 e 18 da Lei nº 9.394/96 tem-se que as instituições de ensino superior municipais não estão vinculadas ao sistema de ensino municipal, mas ao sistema estadual de ensino. Logo, é possível inferir que não há nenhum estabelecimento de ensino superior vinculado ao sistema municipal de ensino.

Há, ainda, as instituições de ensino superior com fins lucrativos, as quais possuem uma vocação social e outra empresarial. Em contrapartida, há aquelas em que não há vocação empresarial, isto é, sem fins lucrativos. Essa se divide em três modalidades:

- *comunitárias:* instituídas por grupos de pessoas físicas ou por uma ou mais pessoas jurídicas, inclusive cooperativas de professores e alunos. Devem incluir, na sua entidade mantenedora, representantes da comunidade.

- *confessionais:* instituídas por grupos de pessoas físicas ou por uma ou mais pessoas jurídicas que atendam à orientação confessional e ideológica específica e ao disposto no item anterior.

- *filantrópicas:* na forma da lei, são as instituições de educação ou de assistência social que prestam os serviços para as quais instituídas, colocando-os à disposição da população em geral, em caráter complementar às atividades do Estado, sem qualquer remuneração.[112]

---

[109] RANIERI, 2000, p. 184.

[110] RANIERI, loc. cit.

[111] SOARES, Maria Susana Arrosa. *A educação superior no Brasil.* Brasília: Coordenação de Aperfeiçoamento de Pessoal de Nível Superior, 2002. p. 54.

[112] SOARES, 2002, p. 54.

Segue abaixo um quadro, contendo um organograma que representa a organização das instituições de ensino segundo o critério administrativo.

Fonte: Conforme organograma em IES – Organização Acadêmica. (2007).

As instituições de ensino superior também podem ser classificadas de acordo com suas prerrogativas acadêmicas, conforme dispõe o artigo 12, do Decreto nº 5.773/06. Nesse nível, encontram-se as faculdades, os centros universitários e as universidades. Cumpre destacar que, embora o texto legal traga somente três espécies de instituições de ensino superior, na prática, existem outros tipos que estão de acordo com o Decreto nº 3.860/01. Embora este último decreto esteja revogado, a nomenclatura por ele inserida continua vigente, conforme explicita o Parecer CNE/CES nº 218/2006, homologado pelo Ministro da Educação em 14/09/2006:

> As Instituições credenciadas como Faculdades Integradas, Instituto Superior de Educação, Faculdades de Tecnologia, Faculdades Associadas, Escolas Superiores ou denominação semelhante são consideradas para os fins de organização e prerrogativas acadêmicas como faculdades e a elas são equiparadas para os fins do que dispõe o Decreto nº 5.773/2006.[113]

Desta maneira, as discussões pertinentes à falta da regulamentação de instituições de ensino superior, que não se enquadram na atual classificação, ficam prejudicadas em razão da elucidação contida no Parecer CNE/CES nº 218/2006. Assim, no critério acadêmico, as instituições de ensino superior estão divididas em: Universidades, Universidades Especializadas, Centros Universitários, CEFETs, Faculdades Integradas, Faculdades e Institutos Superiores de Educação. A primeira instituição será estudada futuramente, já as universidades especializadas diferenciam-se por atuarem numa área de conhecimento específico, os Centros Universitários possuem vários cursos de graduação, assim como as universidades, e devem oportunizar condições

---
[113] BRASIL. Conselho Nacional de Educação. Parecer nº 218, da Câmara de Ensino Superior, Brasília, DF, 10 de agosto de 2006. p. 4.

de trabalho à comunidade escolar. Os CEFETs representam instituições de ensino superior voltadas ao ensino tecnológico em diferentes níveis, objetivando a qualificação profissional do aluno em diversas áreas. Há também as Faculdades Integradas e as Faculdades, ambas podem ter mais de um curso de graduação, a diferença está na administração, pois nas integradas há um regimento unificado e nas outras não existe isso, tendo a administração e direção uma conduta isolada. Por derradeiro, os institutos superiores de educação são instituições que ministram cursos de graduação e outros correlatos.[114]

Pelo exposto, é possível ter uma visualização dos tipos de instituições de ensino superior que são encontradas no Brasil. Embora o sistema de ensino superior brasileiro contenha várias espécies de instituições de ensino, a universidade se destaca das demais por vários motivos, razão pela qual será abordada especialmente nos tópicos seguintes.

2.3. O início das universidades

A universidade por ser "o elemento central dos sistemas de ensino superior",[115] possui maior evidência em relação as outras instituições no mesmo patamar de ensino. Assim, ter-se-á neste tópico uma abordagem sobre o surgimento destas importantes instituições de educação.

O início das universidades remonta aos tempos da Baixa Idade Média (século XI ao XV). Há, contudo, alguns historiadores que já as admitiam antes desta época, entre eles Martins Filho, o qual assevera que "antes [da Idade Média] existiram estabelecimentos de ensino público de alta envergadura, tais como as Escolas de Atenas e Alexandria".[116] De outra banda, Loureiro adverte que, a despeito daqueles que inserem as escolas gregas e romanas como espécies de universidades, "não se encontra nada na história grega que corresponda ao conceito dessa instituição. O que havia eram meros centros de estudos".[117]

"Ao cristianismo pertence a glória de ter organizado o ensino, no qual nem sempre alcançou o escopo máximo",[118] pois o ensino superior, após o Império Romano tolerar a existência do cristianismo, foi, notadamente, comandado pela Igreja, a qual imprimiu às instituições educacionais suas doutrinas. A doutri-

---

[114] IES – Organização Acadêmica. In: SESu – Secretaria de Educação Superior. Brasília, 2007. Disponível em: <http://portal.mec.gov.br/sesu/index.php?option=content&task=view&id=651&Itemi d=292>. Acesso em: 29 maio 2008.

[115] CHARLE, Cristophe; VERGER, Jacques. *História das universidades*. São Paulo: UNESP, 1996. p. 8.

[116] MARTINS FILHO, Antônio. *Autonomia das universidades federais*. Fortaleza: Casa de José de Alencar, 2001. p. 21.

[117] LOUREIRO, Maria Amélia Salgado. *História das universidades*. São Paulo: Estrela Alfa. [19--]. p. 26.

[118] ULLMANN, Reinholdo Aloysio. *A universidade medieval*. 2. ed. rev. aum. Porto Alegre: EDIPUCRS, 2000. p. 31.

na cristã esteve muito presente durante o processo de construção das futuras universidades, sendo impreterível um estudo da influência que o cristianismo causou no processo de criação e desenvolvimento das universidades.

As universidades não surgiram do nada (*ex nihilo*), pois sua chegada é fruto de uma longa história, são herdeiras das escolas da Alta Idade Média (século V ao X), as quais a cultura estava entregue até sua formação. "Essas escolas eram o principal local de aprendizado dos saberes, onde eram inculcados preceitos pedagógicos característicos da época, e o conhecimento de métodos de raciocínio".[119] Assim, para melhor compreender o surgimento das universidades, "faz-se necessário relancear os olhos sobre os diversos tipos de escolas medievais que as antecederam".[120]

Conforme dito, o período medieval foi dominado pelas escolas medievais, divididas em: monacais ou abaciais (anexas a uma abadia); episcopais, catedrais ou capitulares (anexas a uma catedral); palatinas (anexas à corte real); e particulares.[121] Das diversas escolas existentes destacam-se as escolas episcopais, catedrais ou capitulares e as escolas particulares, pois serão estas que terão um papel fundamental na formação das universidades.

As disciplinas conferidas nestas escolas eram as artes liberais, "repartidas entre o *trivium* (gramática, retórica, dialética) e o *quadrivirum* (aritimética, música, astronomia, geometria), bem como a ciência sagrada".[122]As escolas episcopais, por seu turno, além das disciplinas já delineadas, "tinham o objetivo precípuo de formar controversistas capazes de refutar os filósofos pagãos."[123] Como ensina Marrou, as escolas episcopais ou catedráticas "foram como que a ante-sala para o surgimento das universidades".[124]

No século XI escolas particulares começaram a se desenvolver e a ramificar pela Europa, nestes locais os "mestres instalavam-se por conta própria e, contando apenas com sua reputação, ensinavam aqueles que aceitassem pagar para matricular-se em suas escolas".[125] O crescimento das escolas particulares, desvinculadas dos dogmas cristãos, desagradou a Igreja, que desde o Império Romano detinha o monopólio do ensino superior. Segundo Charle e Verger

> Esse desenvolvimento espontâneo inquietou a Igreja que, desde a alta Idade Média, afirmava seu monopólio em matéria escolar e colocou em funcionamento o sistema da *licentia docendi*:

---

[119] LINHARES, Mônica Tereza Mansur. *Autonomia universitária no direito educacional brasileiro*. São Paulo: Segmento, 2005. p. 24.

[120] ULLMANN, op. cit., p. 31.

[121] LINHARES, 2005, 24.

[122] Idib.

[123] LOUREIRO, [19--], p. 18.

[124] MARROU *apud* ULLMANN, 2000, p. 42.

[125] CHARLE; VERGER, 1996, p. 14.

para abrir-se uma escola, mesmo que particular, fazia-se necessário doravante ter em mãos uma "autorização de ensino" outorgada em cada diocese pela autoridade episcopal.[126]

A Igreja visava deste modo ter maior controle nas escolas particulares, haja vista que estas se multiplicavam vertiginosamente na Europa Medieval. Embora a Igreja tentasse pela *licentia docendi* frear o aumento das escolas, especialmente as particulares, estas continuavam a se multiplicar e passaram a ser denominadas *studium generale*. Os *studia generales* eram escolas "abertas aos alunos dos mais diferentes lugares".[127] Desta maneira, os mestres constituíam escolas em vários locais, objetivando transmitir o ensino para estudantes de diferentes localidades. Segundo Rashdall:

> [studium generale] era o que mais correspondia à noção de Universidade, como instituição distinta de uma mera escola, seminário ou estabelecimento educacional privado: mas ele significava, a princípio, não o lugar onde todos os assuntos eram ensinados e sim o lugar onde todos os estudantes de todas as partes eram recebidos.[128]

Em resumo, os *studia generales* significaram um local onde havia um afluxo de estudantes de vários locais, além de ser uma instituição de ensino superior destinada aos estudos gerais ou universais.[129] Estes estabelecimentos já desenvolvidos e em ampla ascensão passaram a apresentar a seus alunos, além das artes liberais, novas matérias. Passava-se a ensinar com maior difusão o direito e a medicina, bem como as artes liberais. Estes estudos, posteriormente, foram ramificados "nas quatro faculdades clássicas que seriam o alicerce da universidade Medieval: Direito, Artes (Filosofia), Teologia e Medicina".[130] Já no século XII, que os historiadores começam a falar em universidades propriamente ditas. Há um motivo para o aparecimento deste tipo de instituição neste período, pois como ensina Loureiro:

> Há uma razão determinante do aparecimento das Universidades justamente nos séculos XII e XIII: é que nessa época, por uma série de fatores, como por exemplo, as Cruzadas, o contato mais íntimo com os árabes da Península Ibérica e do Oriente Próximo, o desenvolvimento das cidades, o comércio e o crescimento do poder temporal dos reis – houve estímulo, de um lado, a muitos interesses culturais, e de outro, ao desenvolvimento de profissões de nível superior, como as de médico, advogado, diplomata, teólogo e filósofo.[131]

Foi neste momento de efervescência cultural e econômica que as numerosas escolas (*studians generales)* iniciaram uma transação para se transformarem em universidades. Reunindo professores e/ou alunos, começaram

---

[126] CHARLE; VERGER, 1996, p. 14.

[127] LOUREIRO, op. cit., p. 23.

[128] RANSHDALL *apud* LINHARES, 2005, p. 24.

[129] ULLMANN, 2000, p. 115.

[130] LOUREIRO, [19--], p.23.

[131] LOUREIRO, op. cit., p. 19.

a surgir as *universitas*, que consistiam num conjunto de pessoas, mestres ou estudantes que se organizavam dentro das escolas.

As *universitas* eram como uma corporação legal ou pessoa jurídica que controlavam as escolas (*studians generale*). O ensino nos *studia generales* dependia do tipo de *universita existente*, pois se fosse uma de mestres, ensinavam-se as Artes Liberais e a Teologia, de modo contrário, se fosse uma de estudantes prevaleceria o ensino do Direito e da Medicina.[132] Ranieri explica com propriedade o papel das *universitas*:

> *Studium* era o estabelecimento de ensino superior, e *universitas*, a organização corporativa responsável pelo funcionamento do *studium* e pela manutenção de sua autonomia. Desta forma, para que o *studium* funcionasse era imprescindível a ação da *universitas*.[133]

Foi, contudo, na fusão das escolas episcopais com as escolas privadas, sendo elas compostas por uma *universitas* de mestres ou alunos, que começou a surgir as universidades como são conhecidas.[134] Segundo Carneiro, Bolonha e Paris teriam sido as primeiras universidades do mundo, "ambas conseqüentes à fusão de escolas episcopais e privadas".[135] Linhares resume o início:

> As primeiras universidades apareceram em Bolonha, em Paris e em Oxford, nos primeiros anos do século XIII. Derivadas de escolas preexistentes [episcopais e privadas], essas primeiras universidades européias, além das diversidades das próprias instituições e características locais, tinham em comum o fato de serem organismos autônomos de natureza corporativa.[136]

Embora tivessem características diferentes, todas estas instituições tinham traços em comum. Todas eram administradas por um reitor que orientava os estudos e julgava os casos da instituição, o reitor era eleito pelos professores e alunos, sendo auxiliado por um conselho apto a redigir os estatutos gerais da universidade. As universidades eram divididas em faculdades dirigidas por decanos subordinados ao reitor.[137]

Assim, a universidade surgiu "na Europa no século XII, expandindo-se por toda a cristandade e depois por todo o mundo, seguindo de perto a expansão da civilização ocidental, da qual ela é parte fundamental".[138]

Tem-se, deste modo, uma breve noção sobre constituição das universidades, que remontam ao início da Idade Média através das escolas episcopais

---

[132] CHARLE; VERGER, 1996, p. 18-19.

[133] RANIERI, Nina. *Autonomia universitária*: as universidades públicas e a constituição federal de 1988. São Paulo: EDUSP, 1994. p. 37.

[134] LOUREIRO, [19--], p. 32.

[135] CARNEIRO, 1984, p. 21.

[136] LINHARES, 2005, p. 32.

[137] LOUREIRO, op. cit., p. 32-33.

[138] DURHAM, Eunice R. A autonomia universitária – extensão e limites. In: STEINER, João E.; MALNIC, Gerhard (org.). *Ensino Superior*: conceito & dinâmica. São Paulo: Edusp, 2006. p. 86.

até transformarem-se, por meio de fusão com as escolas particulares, nas instituições de ensino superior denominadas universidades.

2.4. As universidades no mundo

O presente sub-capítulo tem por objetivo apresentar ao leitor alguns modelos universitários existentes ao redor do mundo. Notadamente, o foco do estudo está especificado em países que muito influenciaram a história mundial. Tal base possibilitará, ao final, atentar-se à história das universidades no Brasil.

2.4.1. As universidades na Europa

É notório que foi na Europa que as universidades se iniciaram, sendo importante então destacar quais foram os países que mais se distinguiram neste processo de desenvolvimento e solidificação. Por responderem "a forças sociais muito amplas, surgem quase ao mesmo tempo em diferentes países",[139] sendo que de todas as localidades européias sobressaem às criadas na Itália, na França, na Inglaterra, na Espanha, em Portugal e na Alemanha.

Na Itália, a Universidade de Bolonha[140] se destacou por possuir a reputação de ter sido a primeira no mundo, na forma análoga às universidades modernas,[141] abrilhantando-se como referência para o mundo no que se refere ao ensino do Direito. "As primeiras universidades italianas contaram, desde logo com as cinco clássicas faculdades: Teologia, Direito, Medicina e Cirurgia, Filosofia e Belas Artes".[142] Após a criação da Universidade de Bolonha, surgiram, na Itália, as seguintes universidades: Parma, Modena, Perúgia, Vincenza, Arezzo, Pádua, Nápoles, Siena, Roma, Macerata, Piacenza, Pisa, Florença, Pávia, Ferrara, e ainda, Camerino, Palermo, Cagliari, Sassari, Turim, Gênova, Urbino, Messina, Catânia. Ademais, após a queda de Napoleão, surge um novo florescer de estudos, fazendo aparecer novas universidades, como às de Milão, Bari, Trieste, Áquila, Lecce, Veneza, estas todas fundadas no decorrer do século XX.[143]

---

[139] DURHAM, Eunice R. A autonomia universitária – extensão e limites. In: STEINER, João E.; MALNIC, Gerhard (org.). *Ensino Superior*: conceito & dinâmica. São Paulo: Edusp, 2006, p. 87.

[140] "A história da Universidade de Bolonha é, também, a história da civilização. Depois do 1º Milênio, uma "civitas" fundada nas leis foi o ideal dos homens. E fora de suas classes, nasce o "dolce still nuovo." Um senso ideal de sabedoria cívica se entrosa ao ensino. E até os dias atuais, Bolonha procura permanecer fiel aos princípios que a criaram" LOUREIRO, [19--], p. 49.

[141] LINHARES, 2005, p. 32.

[142] CARNEIRO, 1984, p. 31.

[143] LOUREIRO, [19--], p. 49-60.

A Universidade de Paris foi, durante sete séculos, uma das principais instituições de ensino superior da França, o que faz merecer alguns comentários sobre ela. "A universidade de Paris é uma instituição genuinamente autóctone. Surgiu espontaneamente, no século XIII, no processo de urbanização e desenvolvimento cultural da Europa Medieval".[144] Fundada pouco tempo depois de 1200, em resposta às novas exigências dos séculos XII e XIII, a Universidade de Paris se destacava, já na primeira década do século XII, pelo apreço que tinha pelo estudo e o ensino da dialética, considerada a "ciência das ciências." Em virtude de sua organização e constituição, a Universidade de Paris, serviu como modelo para todas as universidades da França e da Europa, sua importância era tamanha que, no século XIII, os maiores sábios não franceses desta época ensinavam na universidade parisiense. Além da referida universidade, a França possui também outras universidades de destaque, como: Montpellier, Toulouse, Orleans, Poitiers, Caen, Bordeaux e Nantes.[145]

Sobre as universidades inglesas cumpre, inicialmente, atentar-se que surgiram no século XIII calcadas no modelo de Paris, embora os escritores ingleses atribuam forma diferente.[146] Loureiro ensina que o desenvolvimento das universidades inglesas ocorreu em quatro estágios: o primeiro consiste nas fundadas antes de 1600; o segundo versa sobre as universidades que possuem suas origens entre 1600 e 1945; no terceiro estágio estão as universidades instituídas após a segunda guerra mundial; e por fim, estão as universidades que foram constituídas por força do relatório Robbins.[147] Dentre as existentes na Inglaterra antes de 1600, Oxford foi, inevitavelmente, a mais importante, pois foi a primeira a se constituir neste país e até hoje ocupa um importante papel no sistema universitário inglês. Esta instituição é contemporânea à de Paris, sendo que os mestres lá se reuniram em torno de 1200.[148] Sobre ela, Martins Filho relembra que "a palavra 'universidade' foi usada pela primeira vez na sua acepção moderna nos estatutos da Universidade de Oxford".[149] Também tiveram seu surgimento antes de 1600, as universidades de Cambridge, bem como St. Andrews, Glascow, Aberdeen, Edimburgo, na Escócia e Dublin, na Irlanda e Londres.[150]

Entre os anos de 1800 e 1945 surgiram na Inglaterra várias universidades, desde a Universidade de Londres (idealizada desde o século XVI, porém

---

[144] DURHAM, 2006, p. 87.

[145] LOUREIRO, op. cit., p. 61-80.

[146] CARNEIRO, op. cit., p. 39.

[147] LOUREIRO, [19--], p. 82.

[148] CHARLE; VERGER, 1996, p. 18.

[149] MARTINS FILHO, 2001, p. 22.

[150] CARNEIRO, 1987, p. 39.

Autonomia Universitária e Direito Educacional

surgiu somente em 1825) até às galesas, que se iniciaram depois de 1885. Foi neste período que se viu na Inglaterra uma expansão das universidades civis, tinham seus estudos voltados para atender às demandas das indústrias locais. Esta situação não durou muito tempo, pois atualmente as instituições universitárias possuem um interesse mais amplo. No período pós segunda guerra, as universidades inglesas tiveram de passar por uma reestruturação, uma vez que não mais preenchiam as imposições da sociedade. A Universidade de Keele (1949) foi um modelo de um novo pensar do ensino superior inglês, porém foi entre 1957 e 1961 que o governo da Inglaterra aprovou a criação de diversas instituições que, enfim, atendessem os novos interesses sociais. Por fim, têm-se as instituições universitárias criadas em razão do relatório Robbins, na verdade, o que houve foi uma transformação dos colégios de tecnologia avançada em universidades, pois o citado relatório manifestava que a Inglaterra estava deficiente de tecnicistas. De 1945 até os dias atuais, a Inglaterra viu uma gigantesca expansão do ensino superior, mais que triplicou o número de universidades existentes desde 1945, assim como, a quantidade de alunos. Além de outros fatores, a estreita relação entre a Universidade, o governo e a indústria faz com que o ensino superior da Inglaterra seja um dos mais desenvolvidos do mundo.[151]

A Espanha não possui muita reputação sobre seu ensino superior, contudo insere-se no rol dos Estados que tiveram uma universidade de muito prestígio, tendo seu momento de arroubo com a Universidade de Salamanca, instituída por Afonso IX, pelos anos de 1218 ou 1220, considerada integrante do quarteto da máxima hierarquia cultural européia, juntamente com Bolonha, Paris e Oxford. As instituições universitárias espanholas foram criadas durante os séculos XII e XIII seguindo o exemplo dos demais países europeus, tendo como principais nomes as universidades de Valença, Sevilha, Valladolid, Barcelona, Santiago, Madrid, Granada, Saragosa, Oviedo e Comillas.[152]

Portugal, assim como a Espanha, teve uma expressão singela na história das universidades. A Universidade de Coimbra é única manifestação em prol do desenvolvimento do ensino superior realizada em Portugal que mereça nota. Loureiro lembra o que se via antes da constituição desta Universidade:

> [...] nas crônicas dos primeiros tempos da monarquia não se faz menção a nenhum homem esclarecido que, ou não fosse de países estrangeiros, ou lá não tivesse ido aprender; e, ainda depois do século XIII, a cada passo se encontravam presbíteros, cônegos, párocos, que nem sabiam escrever, não obstante ser o clero a classe menos ignorante. A linguagem ordinária dos documentos era uma algaravia, ou farragem de dicções de diferentes idiomas, com inflexão alatinada, contra as mais simples regras da sintaxe e gramática. A ortografia era barbaríssima.[153]

---

[151] LOUREIRO, op. cit., p. 82-136.

[152] ULLMANN, 2000, 291-295.

[153] LOUREIRO, [19--], p. 154.

Linhares ressalta a lentidão portuguesa para implementar a primeira instituição de ensino superior, pois "[...] diferentemente do que se possa pensar, [a Universidade de Coimbra] iniciou seu funcionamento, nos fins do século XIII, não na cidade de Coimbra, mas sim na cidade de Lisboa"[154] em 12 de novembro de 1288. Em que pese Portugal não tenha tido um papel importante na evolução do ensino superior, a Universidade de Coimbra foi e é muito respeitada mundo afora, considerada a mais importante universidade de Portugal e uma das grandes da história, especialmente por ter influenciado enormemente o Direito brasileiro.

As universidades alemãs, embora tenham se constituído com certo atraso, caracterizaram-se pela grande quantidade de controvérsias e lutas doutrinárias. Tinha-se nos bancos universitários muitos pensamentos revolucionários. Foi no século XVI que um movimento intelectual produzido por Lutero originou as universidades alemãs. A novidade das universidades alemãs

> estava numa tripla ênfase: a valorização da atividade intelectual em todo seu rigor; a busca de novos conhecimentos, isto é, a pesquisa em sentido lato a qual, inicialmente centrada na filosofia, inclui, desde o começo, também as ciências básicas; a excelência do ensino e a preocupação com a formação dos alunos, no sentido ético e intelectual [...].[155]

A importância das instituições alemãs é tamanha que a certo tempo foram tomadas como modelos para quase toda a Europa e até na América, inúmeras foram as contribuições para o desenvolvimento deste tipo de estabelecimento de ensino, entre elas o "plano do modelo jurídico-organizatório [...] construiu, em termos contemporâneos, o conceito de Universidade".[156]

As instituições apresentadas, bem como os países em que estão inseridas, mereceram atenção por terem sido os locais onde as Universidades se constituíram como tais no mundo, razão pela qual possuem importância e destaque dentro da história do ensino superior.

2.4.2. As universidades na América do Norte

O estudo das universidades norte-americanas é necessário, pois como aponta Boaventura "é no modelo norte-americano que muitos estudiosos brasileiros se espelham".[157] A história destas universidades inicia-se com a chegada aos Estados Unidos dos colonos vindos da Inglaterra e Holanda. Estes povos europeus traziam consigo idéias inovadoras referentes à educação. O período enfatizava-se sobre a necessidade de colégios (*colleges*), sendo que o primeiro

---

[154] LINHARES, 2005, p. 37.

[155] DURHAM, 2006, p. 94.

[156] LINHARES, 2005, p. 42.

[157] BOAVENTURA *apud* LINHARES, 2005, p. 36.

Autonomia Universitária e Direito Educacional

deles foi fundado por John Harvard, tinha-se o princípio da Universidade de Harvard (1642), considerada a mais antiga e mais famosa instituição de ensino superior americana.[158] Loureiro destaca um trecho expresso nos portões da universidade, o qual demonstra o pensamento existente no momento em que se fundava a instituição:

> Depois de Deus nos ter trazido salvos para Nova-Inglaterra, e termos nós construído nossas casas, providenciando o necessário para nossa alimentação, erigindo lugares adequados para a adoração de Deus e estabelecido o Governo Civil, uma das próximas coisas que ambicionamos e procuramos foi o Progresso do Saber e perpetuar isto para a Posteridade; temendo deixar um iletrado Ministério às Igrejas, quando nosso atual Ministro jazer no Pó.[159]

Embora a instituição nunca tenha estado sobre o controle eclesiástico, o trecho demonstra uma forte ligação entre a Universidade e a Igreja Ortodoxa. Foi sob a coordenação de John Leverett que a instituição se desvencilhou da influência da religião ortodoxa.[160] O desenvolvimento das instituições de ensino superiores americanas se deve ao fato da forte presença de clérigos interessados na educação, igualmente como ocorreu com Harvard, outras tantas universidades tiveram seu início motivado no desejo dos clérigos, entre elas se destaca a Universidade de Yale.

Assim, o quadro norte-americano universitário divide-se em: universidades mantidas ou sob o controle dos Estados; universidades sob o controle privado e as universidades sob o controle de confissões religiosas. As que são administradas pelo Estado não têm qualquer controle externo que não seja estatal, além de ser livre ou nominal o ensino para os estudantes habitantes nos Estados em que se encontram. As universidades particulares se formaram por influência religiosa, ou por doação de milionários, estas são muito importantes no sistema universitário norte-americano, nestas incluem-se Harvard, Yale, Pensilvânia, Filadélfia, Pittsburgo e Princeton. Por fim, existem as que estão vinculadas às confissões religiosas, instituições que possuem as mais variadas manifestações, existindo as controladas pelos católicos, pelos metodistas, batistas, presbiterianos, luteranos, episcopais, mórmons, entre outros.[161]

As universidades norte-americanas são admiradas mundo afora, os esforços educacionais empenhados no progresso do ensino foram enormes, fazendo com que houvesse instituições de alto nível por toda extensão territorial americana. Estas instituições desempenham estudos de alta relevância em todos os setores, razão que permitiu ao país tornar-se uma super potência.

---

[158] LINHARES, op. cit., p. 48.
[159] LOUREIRO, [19--], p. 260.
[160] LINHARES, 2005, p. 48.
[161] LOUREIRO, op. cit., p. 243-252.

Drèze assevera que as universidades norte-americanas se destacam, não por sua busca ao ensino, mas por serem os principais agentes para o desenvolvimento do progresso da nação americana.[162] É este o modelo que se espelham os estudiosos brasileiros, desejando que as universidades brasileiras estejam também voltadas para a produção econômica, modelo que "é extremamente importante porque integra hoje a liderança da pesquisa mundial e, além de incluir muitas das melhores universidades do mundo, foi a que melhor resolveu o problema do ensino de massa".[163]

O Canadá, por sua vez, possui um sistema universitário bastante diversificado, pois congrega várias ideologias a respeito do modelo de Universidade. Em razão de sua própria história, colonizada por ingleses e, principalmente, por franceses, várias universidades canadenses possuem um sistema francês ou adotam a tradição inglesa, há também as que se aproximam do tipo americano, fato que ocorre em virtude da proximidade dos dois países. As universidades mais importantes do Canadá são as seguintes: New Brunswick, King's College, Dalhousie, McGill, Laval, Montreal e Toronto.[164] O Canadá não detém universidades com tanto renome e importância como as que possui os Estados Unidos, porém no seu sistema predominam modelos que influenciaram diversos países que pensam muito sobre a universidade. Deste modo, é permissível dizer que, tanto as universidades norte-americanas como as canadenses merecem alguns comentários, pois, cada uma a seu modo, irradia para uma grande quantidade de instituições universitárias as bases e fundamentos que as fizeram obter um expressivo sucesso.

2.4.3. As universidades no Brasil

A preocupação com educação, no Brasil, tem início em 1549 com a vinda de Tomé de Souza, primeiro governador geral do país, e através dos jesuítas criou-se uma escola em Salvador. Algumas escolas criadas pelos jesuítas evoluíram para colégios, que passaram a ministrar o ensino secundário. Soares lembra o ensino da época:

> Na Colônia, o ensino formal esteve a cargo da Companhia de Jesus: os jesuítas dedicavam-se desde a cristianização dos indígenas organizados em aldeamentos, até a formação do clero, em seminários teológicos e a educação dos filhos da classe dominante nos colégios reais. Nesses últimos, era oferecida uma educação medieval latina com elementos de grego, a qual preparava seus estudantes, por meio dos estudos menores, a fim de poderem freqüentar a Universidade de Coimbra, em Portugal.[165]

---

[162] DRÈZE *apud* LINHARES, 2005, p. 49.

[163] DURHAM, 2006, p. 98.

[164] LOUREIRO, [19--]. P. 292.

[165] SOARES, 2002, p. 31.

Em 1583 tinha-se a primeira intenção em se criar universidades, um projeto que decorreria de uma transformação dos colégios existentes. Embora tivessem boas intenções, o projeto não prosperou, sobretudo em razão da negativa de Portugal. Durante os séculos XVII e XVIII, muita cultura foi criada pelos intelectuais brasileiros, entretanto, a educação não acompanhou o mesmo ritmo, que apenas continuava a obra jesuítica. Nesse período, a maioria dos notáveis brasileiros obtinha ensino superior na Europa.[166] Linhares acrescenta que "a Universidade de Coimbra era o principal centro de formação dos estudantes brasileiros, bem como de formação do espírito nacional.[167] No início do século XIX, especialmente após a vinda do príncipe regente (futuro D. João VI), é que se começava a realizar o sonho de se ter cursos de ensino superior no Brasil.

> Em 1808, a Família Real Portuguesa fugiu de Lisboa rumo ao Brasil, para escapar das tropas napoleônicas que haviam invadido Portugal. Quando chegou à Bahia, Dom João VI, então Príncipe Regente, recebeu a solicitação dos comerciantes locais no sentido de ser criada uma universidade no Brasil; para tanto, dispunham-se a colaborar com uma significativa ajuda financeira. Em vez de universidade, Salvador passou a sediar o Curso de Cirurgia, Anatomia e Obstetrícia. Com a transferência da Corte para o Rio de Janeiro, foram criados, nessa cidade, uma Escola de Cirurgia, além de Academias Militares e a Escola de Belas Artes, bem como o Museu Nacional, a Biblioteca Nacional e o Jardim Botânico [,entre outros].[168]

A Corte retorna para Portugal em 26 de abril 1821 e, já no ano seguinte, tem-se a independência do Brasil. Neste momento o país encontrava-se bastante agitado, cheio de ideais e objetivos. Foi em meio a tudo isso que a Assembléia Nacional Constituinte, em sessão de 19 de agosto de 1823, aprova a criação de uma universidade. Contudo, "o referido projeto, embora aprovado, não prosperou, pois quando da sua promulgação, a Assembléia Nacional Constituinte foi dissolvida pelo Imperador, em 12 de novembro de 1823".[169] O que se viu no período pós-independência foi a criação de dois cursos de Direito, um em Olinda e outro em São Paulo.

O período imperial (1822-1889) foi marcado por diversos debates sobre a criação ou não de uma Universidade no Brasil, vários pensadores manifestavam a favor de sua criação, entre eles Rui Barbosa, jurista que em alguns de seus pareceres enaltecia a idéia da universidade, bem como sua necessidade para o desenvolvimento da sociedade brasileira. Contrário a esta Idéia posicionava-se Vasconcellos, que assim asseverou:

> A Nação não exige uma universidade; bastam-lhe as escolas superiores que possui. Temos bacharéis demais a disputarem empregos públicos, às vezes sem saberem mesmo ler e escrever corretamente – e não é deles que o país precisa. Necessitamos de trabalhadores para o comér-

---

[166] LOUREIRO, [19--], p. 417-419.

[167] LINHARES, 2005, p. 93.

[168] SOARES, op. cit., p. 32.

[169] LINHARES, op. cit., p. 95.

cio, lavoura, indústria – de quem produza riqueza, e não de mais bacharéis que a universidade viria a fabricar.[170]

Em que pese o texto constitucional de 1824 trouxesse expressamente a universidade como meio de garantia dos direito civis e políticos, nenhuma instituição deste porte foi criada no país, fato que se estendeu durante todo o período imperial. O que se teve neste interstício (1822-1889) foi senão a difusão de diversas faculdades independentes, pois "a introdução do ensino superior no Brasil, no início do século XIX, seguiu o modelo francês então vigente, o das 'grandes escolas'" e não de universidades.[171] Para Soares, o motivo pelo qual não foi criada nenhuma universidade durante o Império se deve "[...] ao alto conceito da Universidade de Coimbra, o que dificultava a sua substituição por uma instituição do jovem país. Assim sendo, os novos cursos superiores de orientação profissional que se foram estabelecendo no território brasileiro eram vistos como substitutos à universidade".[172]

Em 15 de novembro de 1889 ocorreu a proclamação da República, os seus líderes prosseguiram no desenvolvimento da educação no país, porém "eram francamente favoráveis à criação de cursos laicos de orientação técnica profissionalizante",[173] conforme ensina Soares. Desde o descobrimento até a República Velha, muitas foram as tentativas de se criar uma Universidade no Brasil, tentativas que surgiram com os jesuítas em virtude do que ocorria no México em 1551. Segundo Linhares

> Diferentemente de outros países americanos, onde o movimento universitário oriundo da Europa adentrou por meio das metrópoles, no Brasil, ele foi uma conquista árdua e tardia. Uma observação mais atenta do panorama histórico demonstra que, em matéria de universidades, o Brasil sempre esteve recuado no tempo em relação a outros países.[174]

O ano era 1920, a data 7 de setembro, data próxima ao centenário da independência, foi na 30ª tentativa que a idéia de se criar uma universidade tornou-se realidade, fruto da reforma de Carlos Maximiliano que ocorreu 5 anos antes. O Decreto nº 14.343 instituiu a primeira Universidade do Brasil: a Universidade do Rio de Janeiro.[175] Este documento é de importância ímpar, o que faz merecer sua transcrição:

> DECRETO N. 14.343, de 7 de setembro de 1920.
>
> *Institui a Universidade do Rio de Janeiro*

---

[170] VANCONCELOS *apud* LINHARES, 2005, p. 98.

[171] DURHAM, 2006, p. 86.

[172] SOARES, 2002, p. 32.

[173] Ibid., p. 33.

[174] LINHARES, 2005, p. 92.

[175] LOUREIRO, [19--], p. 434-435.

O Presidente da Republica dos Estados Unidos do Brasil:

Considerando que é oportuno dar execução ao disposto no art. 6º do decreto n. 11.530, de 18 de março de 1915:

Decreta:

Art. 1º Ficam reunidas, em Universidade do Rio de Janeiro, a Escola Politécnica do Rio de Janeiro, a Faculdade de Medicina do Rio de Janeiro e a Faculdade de Direito do Rio de Janeiro, dispensada esta da fiscalização.

Art. 2º A direção da Universidade será confiada ao presidente do Conselho Superior do Ensino, na qualidade de reitor, e ao Conselho Universitário, com as atribuições previstas no respectivo regulamento.

§ 1º O Conselho Universitário será constituído pelo reitor, com voto de qualidade, pelos diretores da Escola Politécnica e das Faculdades de Medicina e de Direito, e mais seis professores catedráticos, sendo dois de cada congregação, eleitos em escrutínio secreto, por maioria absoluta de votos.

§ 2º O regulamento da Universidade será elaborado no prazo de trinta dias, por uma comissão composta do presidente do Conselho Superior do Ensino e dos diretores da Escola Politécnica e das Faculdades de Medicina e de Direito, seguindo-se a sua aprovação, dentro do prazo de quinze dias, pelas três congregações reunidas, para esse fim convocadas pelo dito presidente.

§ 3º O presidente do Conselho Superior do Ensino expedirá as necessárias instruções para aprovação do regulamento, que entrará em vigor depois do revisto e aprovado pelo Governo.

Art. 3º À Escola Politécnica do Rio de Janeiro, à Faculdade de Medicina do Rio de Janeiro e à de Direito do Rio de Janeiro será assegurada e autonomia didática e administrativa, de acordo com o Decreto n. 11.530, de 18 de março de 1915, devendo o regulamento da Universidade adaptar a sua organização aos moldes do aludido decreto.

Art. 4º A Faculdade de Direito do Rio de Janeiro continuará a prover todas as suas despesas exclusivamente com as rendas do respectivo patrimônio, sem outro auxilio oficial ou vantagem para os professores além dos que lhes são outorgados pelos seus estatutos.

Art. 5º Revogam-se as disposições em contrário.

Rio de Janeiro, 7 de setembro de 1920, 99º da Independência e 32º da República.

Epitácio Pessoa.

Alfredo Pinto Vieira de Mello.[176]

O Decreto instituidor da primeira universidade brasileira foi o que faltava para que novos projetos, antes guardados, ressurgissem com bastante vigor, capaz de fazer nascerem outras universidades no país. Contudo, como recorda Loureiro, o decreto teve outras conseqüências, pois os mestres brasileiros se dedicavam a preparar uma reforma do conceito de Universidade, pois se acreditava que a primeira Universidade do Brasil já "nascia" envelhecida.[177] Para Linhares

Rotular, simplesmente, mediante Decreto, com o nome de Universidade um agregado de Faculdades não significa a criação de uma verdadeira Universidade, pois esta não pode ser en-

---

[176] BRASIL. Decreto nº 14.343, de 7 de setembro de 1920. Disponível em: <http://www6.senado.gov.br/legislacao/ListaPublicacoes.action?id=48093>. Acesso em: 26 jun. 2008.

[177] LOUREIRO, [19--], p. 437.

tendida como uma criação arbitrária do Estado, ou de um partido ou de um particular. Entendida desta forma, a Universidade seria somente um corpo.[178]

De fato, há muita crítica envolvendo a criação da primeira Universidade do Brasil, entretanto há de se considerar que o fato dela existir já foi um enorme avanço para o desenvolvimento do ensino superior brasileiro. A partir de sua existência tinha-se, enfim, uma universidade capaz de atender os anseios de alguns. Para os críticos, agora, tinha-se algo, efetivamente, que permitia a discussão acerca da melhora de algo que possuíam e não mais daquilo que apenas desejavam ter.

Os anos seguintes, especialmente após 1946, foram marcados pelo surgimento de várias universidades. Estas tinham uma filosofia de ensinar e pesquisar, porém estavam imersas em um controle centralizador, o qual não as permitia atender com presteza os desafios impostos pela sociedade, até que nos anos 60 começou-se a falar na reforma universitária para sanar estes problemas.[179] A referida reforma abordou questões referentes à estrutura, administração, financiamento e extensão. Conforme Sucupira,

> A reforma universitária emanada do grupo de trabalho e expressa nas Leis 5.539/68 e 5.534/68 [...] não se limitou aos problemas da universidade e de sua administração, mas procurou definir sua inserção na sociedade, sua relação com o Estado, fixando critérios da expansão do ensino superior e de seu financiamento.[180]

O principal ato legislativo sobre a reforma universitária foi a Lei nº 5.540/68, o qual determinava a criação de departamentos, o sistema de créditos, o vestibular classificatório, os cursos de curta duração, o ciclo básico dentre outras inovações.[181]

A política de expansão do ensino superior brasileiro foi, até 1974, desacelerada, sob a justificativa da baixa qualidade do ensino.[182] Com a redemocratização houve uma expansão das instituições universitárias públicas e, em 1996, com a Lei nº 9.394, introduziu-se no sistema universitário brasileiro um processo de avaliação dos cursos de graduação e das próprias instituições de ensino.[183]

Entre avanços e retrocessos, em virtude dos acontecimentos políticos que ocorreram na história do Brasil, a universidade brasileira cresceu em

---

[178] LINHARES, 2005, p. 102.

[179] BOAVENTURA, Edivaldo. *Universidade e multiversidade*. Rio de Janeiro: Tempo Brasileiro, 1986. p. 35-36.

[180] SUCUPIRA *apud* BOAVENTURA, op. cit., p. 41.

[181] SOUZA, 2002, p. 39.

[182] VIEIRA, Sofia Lerche. *A universidade brasileira nos anos 80*. Fortaleza: UFCE, 1981. p. 11.

[183] SOUZA, op. cit., p. 42

quantidade. Contudo, o discurso de uma reforma universitária sempre esteve presente, desde o início de sua constituição, desejando seus divulgadores uma transformação e reestruturação desta instituição, criando, assim, uma nova visão de universidade. Sucupira dispõe que

> sem dúvida, a Universidade brasileira, já não é aquela instituição simplificada, a oferecer as clássicas carreiras liberais. [...] A Universidade brasileira é, hoje, vasto aglomerado de faculdades, institutos e serviços. Toda essa expansão, contudo, não obedeceu a planejamento racional, nem determinou a reorganização de seus quadros estruturais e de seus métodos de ensino. O crescimento se fez por simples multiplicação de unidades, em vez de desdobramentos orgânicos; houve acréscimo de novos campos de atividades que foram progressivamente anexados. Se o crescimento não foi apenas vegetativo, também não chegou a ser desenvolvimento orgânico, o qual implica sempre mudança qualitativa e reorganização dinâmica [...].[184]

Agora, depois de ter uma breve noção da história da universidade, sua criação e os países em que possui seus principais expoentes, além de ter-se uma idéia do processo de geração e desenvolvimento da Universidade no Brasil, é possível embrenhar-se na missão de, finalmente, conceituar essa instituição.

2.5. Conceito de universidade

Após a analise da história das universidades, faz-se imperioso despender algumas palavras para definir, de fato, o que é esta tão importante instituição de ensino superior. O vocábulo Universidade veio do termo latino *universitátis* ou *universitas*, traduzindo um significado de universalidade, totalidade.[185] Contudo, há estudiosos que digam ser o termo *universitas* utilizado para designar uma comunidade, aquelas criadas por professores ou alunos na Idade Média e, portanto, não poderia ter dado origem à palavra que qualifica uma instituição de ensino superior, pois "não significava terem sido ministradas todas as disciplinas como entendemos a palavra universidade, em nossos tempos".[186] Estes pensadores acreditam que o termo que melhor retrataria a universidade seria o *studium generale*, localidade onde se teriam os estudos gerais ensinados por mestre a alunos de várias localidades. Discussões à parte, cabe demonstrar os pensamentos que permeiam a definição desta importante instituição de ensino superior. Silva, sob um olhar único, entende que o termo universidade serve para

> [...] distinguir a instituição de ensino superior autônoma, formada por um conjunto de escolas, academias ou faculdades, submetidas a um regime jurídico, a um Conselho Geral, usualmente denominado Universitário, sob a presidência de um Reitor.[187]

---

[184] SUCUPIRA *apud* LOUREIRO, [19--], p. 440.

[185] MARTINS, Evandro Silva. A etimologia de alguns vocábulos referentes à educação. *Olhares & Trilhas*, Uberlândia, ano 6, n. 6, 2005. p. 31-36.

[186] ULLMANN, 2000, p. 114.

[187] SILVA *apud* LINHARES, 2005, p. 65.

A visão que De Plácido e Silva possui de universidade encontra-se escorada mais no aspecto físico (edifícios) do que propriamente na sua essência e finalidade. Barbosa possui um pensamento diametralmente contrário ao de Silva, o qual manifesta que a idéia de universidade não se limita a um local onde se concentra uma quantidade determinada de cursos, pois universidade traz uma noção de universalidade do saber, relacionando-se entre si, servindo como um centro de inovações.[188] Acrescente-se que, para Morin

> A Universidade conserva, memoriza, integra e ritualiza uma herança cultural de saberes, idéias e valores, porque ela se incumbe de reexaminá-la, atualizá-la e transmiti-la, o que acaba por ter um efeito regenerador. A Universidade gera saberes, idéias e valores que, posteriormente, farão parte dessa mesma herança. Por isso, ela é simultaneamente conservadora, regeneradora e geradora.[189]

Percebe-se, cotejando os dois pensamentos que, enquanto Silva busca definir a universidade segundo um critério estrutural, Barbosa se concentra mais na questão do conhecimento existente no local denominado universidade. Ambos tiveram erros em suas definições, posto que focaram apenas um ou outro aspecto. A universidade é mais bem definida se estudada sob a ótica de suas finalidades. Wanderley assegura que a Universidade tem por finalidades o ensino a pesquisa e a extensão,[190] uma vez que, Segundo Durham,

> se a atual Constituição não define explicitamente as funções da Universidade, o faz indiretamente, estabelecendo que se trata de uma instituição caracterizada pela indissociabilidade entre o ensino e pesquisa, que são suas finalidade precípuas (estando o terceiro termo, "extensão", obviamente, referindo-se aos dois primeiros).[191]

Dito isso, é necessário dedicar-se a cada uma das finalidades. O *ensino* é a transmissão do conhecimento, porém, a cultura transmitida não é aquela local, regional, mas sim, uma cultura universal. Cabe à universidade difundir o conhecimento "[...] das culturas locais e nacionais, das civilizações, dos conceitos, leis, teorias, pensamentos, definições, interpretações, explicações etc., dos autores antigos, dos clássicos e contemporâneos que marcaram significativamente um determinado ramo do saber".[192]

Newman, mesmo conhecendo as outras finalidades, assevera que "se uma universidade tem por objeto a descoberta científica e filosófica, não vejo por que ela deva ter estudantes".[193] O citado pensador tinha como intenção,

---

[188] BARBOSA *apud* LINHARES, 2005, p. 97-98.

[189] MORIN, Edgard. *Educação e complexidade*: os sete saberes e outros ensaios. São Paulo: Cortez, 2002. p. 13.

[190] WANDERLEY, Luiz Eduardo W. *O que é universidade*. 9. ed. São Paulo: Brasiliense, 1995. p. 11.

[191] DURHAM *apud* STEINER; MALNIC, 2006, p. 80.

[192] WANDERLEY, op. cit., p. 29.

[193] NEWMAN *apud* BOAVENTURA, 1997, p. 165.

ao proferir essa frase, ressaltar que era necessária a formação dos indivíduos, difundindo o conhecimento, ou seja, ensinando aos alunos as bases para que pudessem realizar as futuras pesquisas, pois se não houvesse o ensinamento não se poderia realizar boas pesquisas.

Ainda sobre o ensino, Karling atenta que, por meio da transmissão do conhecimento, a universidade deve formar profissionais capacitados a atender as demandas de mercado, além de conscientizá-los, tornando-os mais humanos, sensíveis aos problemas vividos na sociedade.[194] Deseja-se, portanto, "[...] formar cidadãos capazes de enfrentar os problemas de seu tempo [...]".[195]

A *pesquisa* é algo extremamente importante dentro da universidade, capaz de permitir dizer que "a finalidade essencial da universidade é sua capacidade de reconstrução do conhecimento",[196] o que acontece somente por meio da pesquisa. Luckesi et al. vão além, dispõem que "uma universidade sem pesquisa não deve, rigorosamente, ser chamada de universidade".[197] De acordo com o artigo 207 da Carta Magna a frase possui lógica, pois no texto constitucional há a expressão indissociabilidade, ou seja, as finalidades da universidade são inseparáveis, a falta de uma é suficiente para descaracterizar a instituição de ensino superior como uma Universidade. A informação presente nas universidades e na sociedade deve ser questionada e estar sob contínua transformação, deve haver sempre cabimento para o novo, para a contínua reconstrução do saber. Por fim, há a extensão, que tem sua origem "na noção de que a instituição universitária deve servir à sua comunidade mais próxima".[198] A universidade deve permanecer atenta aos acontecimentos sociais que a rodeiam, interessando-se em intervir na sociedade na qual está inserida.

Pela extensão é que a universidade será capaz de colaborar no processo de transformação da sociedade, processo que pode se dar por meio de convênios, por centros de prática jurídica, jornais, empresas-júnior etc. Não há como desvencilhar a universidade de sua comunidade, pois, como adverte Chauí, "a universidade é uma instituição social. Isso significa que ela realiza e exprime de modo determinado a sociedade de que é e faz parte".[199] Para Wanderley,

> A tomada de consciência progressiva por parte de estudantes, professores, formados e setores da sociedade em geral, de que a massa crítica de recursos acumulada na universidade deveria

---

[194] KARLING, Argemiro Aluísio. *Autonomia*: condição para uma gestão democrática. Maringá: EDUEM, 1997, p. 93.

[195] MORIN, 2002, p. 24.

[196] LINHARES, 2005, p. 68.

[197] LUCKESI, Cipriano Carlos et al. *Fazer universidade*: uma proposta metodológica. 2. ed. São Paulo: Cortez, 1985. p. 39.

[198] BOAVENTURA, 1997, p. 182.

[199] CHAUÍ, Marilena de Souza. *Escritos sobre a universidade*. São Paulo: Editora UNESP, 2001. p. 35.

necessariamente ser estendida ao maior número de pessoas possível, está na base desta finalidade, hoje consensualmente aceita, de que ela deve prestar serviços à comunidade – processo conhecido pela denominação de *extensão universitária* ou cultural.[200]

A extensão serve também como uma retribuição aos esforços que a comunidade realiza para que a instituição universitária possa concretizar as suas outras finalidades, quais sejam o ensino e a pesquisa. Há na legislação infraconstitucional uma definição de universidade, este conceito está disposto no artigo 52 da Lei nº 9.394/96, *in verbis*:

> Art. 52. As universidades são instituições pluridisciplinares de formação dos quadros profissionais de nível superior, de pesquisa, de extensão e de domínio e cultivo do saber humano, que se caracterizam por:
>
> I – produção intelectual institucionalizada mediante o estudo sistemático dos temas e problemas mais relevantes, tanto do ponto de vista científico e cultural, quanto regional e nacional;
>
> II – um terço do corpo docente, pelo menos, com titulação acadêmica de mestrado ou doutorado;
>
> III – um terço do corpo docente em regime de tempo integral.
>
> Parágrafo único. É facultada a criação de universidades especializadas por campo do saber.

Esse conceito ocupa-se em observar as finalidades da universidade, bem como leva em consideração seu aspecto formal. Por ser uma instituição pluridisciplinar significa dizer que irá congregar vários tipos de conhecimento capazes de formar um ensino universal. Ainda sob este enfoque, exige-se a existência de, no mínimo, cinco cursos de graduação, requisito necessário para constituir-se uma Universidade, nos termos do artigo 8º da Resolução nº 10, de 11 de março de 2002, além de outros quesitos constantes neste mesmo ato normativo. De todo o exposto, é salutar fazer menção a um dos melhores conceitos já feitos sobre a universidade:

> Universidades são caracterizadas como instituições de excelência, que articulam ensino, pesquisa e extensão de maneira indissociável. Como condições para cumprir esses objetivos, devem apresentar elevada porcentagem de docentes com titulação acadêmica e efetiva produção intelectual institucionalizada, nos termos da Resolução CNE/CES 2/97 e do que dispõe a LDB, além da prática investigativa que se associa ao ensino de graduação de alta qualidade, observados também os dispositivos legais referentes ao percentual mínimo de professores em regime de tempo integral, entendido como a obrigação de prestar quarenta horas semanais de trabalho, na mesma instituição, nele reservado o tempo de pelo menos vinte horas semanais destinado a estudos, pesquisa, trabalhos de extensão, planejamento e avaliação. As universidades devem, ainda, desenvolver atividades de extensão relevantes para o contexto social no qual se inserem.[201]

Ademais, ainda sob este enfoque, cabe dizer que tramita no Congresso Nacional, especialmente na Câmara dos Deputados, o Projeto de Lei nº

---

[200] WANDERLEY, 1995, p. 45.

[201] BRASIL. Conselho Nacional de Educação. Parecer nº 1.366, da Câmara de Ensino Superior, Brasília, DF, 12 de dezembro de 2001, p. 2-3.

7.200/2006, que trará novas normas gerais sobre o ensino superior, no qual constam, em seu artigo 12, todos os requisitos mínimos necessários para que uma instituição de ensino superior seja classificada como universidade.

Assim, ante o apanhado de informações contidas neste item, é possível ter-se uma idéia do conceito de Universidade, observando principalmente suas finalidades, além de estar atento aos aspectos formais que o ordenamento jurídico brasileiro inclui. Entretanto, para que esta instituição de ensino superior possa atender a todas as suas finalidades, faz-se necessário que possua autonomia. Autonomia essa que, de tão importante, merece um capítulo próprio capaz de tratar o assunto de forma adequada.

3. autonomia universitária

O presente capítulo realizará um estudo sobre a autonomia universitária. Serão abordados os aspectos jurídicos deste instituto, com vistas às determinações existentes no ordenamento jurídico brasileiro. Martins Filho, ressaltando a importância deste estudo, dispõe que a universidade deve ser livre para realizar suas atividades-fim, não se curvando perante nenhum governo, nem pensamento ou ideologias capazes de desfigurar a própria instituição.[202] Durham atenta que muito se discute sobre autonomia universitária no Brasil, professores, estudantes e governantes preocupam-se em defendê-la, por significar um valor inerente à própria natureza da universidade.[203]

Qual a história desse instituto? Qual o seu conceito? Quais as disposições legais que o sustentam? Como funciona a autonomia universitária em outros países? São as questões que serão tratadas neste capítulo.

3.1. Conceito de autonomia universitária

Para entender o instituto da autonomia universitária, nada mais importante do que conceber o conceito do que a expressão significa, atentando-se para as características gerais que a envolvem. O termo autonomia não é próprio do Direito, porquanto não possui qualquer relação com a ciência jurídica, tendo uma concepção etimológica na língua grega.

[...] a origem etimológica da palavra autonomia, que vem do grego *autos*, significando "si mesmo", e *nómos*, significando "lei, regra, modelo a seguir, ou ainda, região delimitada." A palavra pode ser encontrada no inglês *autonomy*, no francês *autonomie*, no alemão *autonomie*, no italiano *autonomia*.[204]

---

[202] MARTINS FILHO *apud* MOTTA, 1997, p. 177.

[203] DURHAM, 2006, p. 79.

[204] LINHARES, 2005, p. 53.

Desta maneira, percebe-se que a expressão existe desvinculada do Direito, uma vez que não se limita a tratar de leis ou regras, vai além, trata de modelos e até mesmo regiões. Observando a origem do termo, é permissível dizer que "autonomia" está estritamente ligada à idéia de independência, liberdade, ou ainda, como diz Ranieri, "[...] hoje a idéia que comumente se tem de autonomia está ligada mais à negação de qualquer limite ou vínculo, do que às suas características essenciais [...]".[205] Sobre o termo, Chauí afirma que

> sob suas múltiplas manifestações, a idéia de autonomia, como a própria palavra grega indica – ser autor do *nomos*, ser autor da norma, da regra e da lei –, buscava não só garantir que a universidade pública fosse regida por suas próprias normas, democraticamente instituídas, mas visava, ainda, assegurar critérios acadêmicos para a vida acadêmica e independência para definir a relação com a sociedade e com o Estado.[206]

Embora o estudo da etimologia seja um instrumento eficaz para o descobrimento dos conceitos, no que se refere ao instituto da autonomia universitária essa abordagem não é suficiente para se compreender de modo adequado as acepções que o instituto possui.

O atual panorama do direito público brasileiro designa o termo autonomia universitária como um "poder funcional derivado, circunscrito ao peculiar interesse da entidade que o detém e limitado pelo ordenamento jurídico que lhe deu causa, sem o qual ou fora do qual não existiria".[207] Desta forma, fica evidente que não se trata de uma independência ou liberdade absoluta, mas sim, um poder limitado pelo ordenamento jurídico e restrito para atender aos interesses da instituição universitária: ensino, pesquisa e extensão. Nesse sentido, assevera Sampaio que o autogoverno e a autonormação ocorre "[...] de modo limitado, vinculado à finalidade precípua de determinadas instituições e relacionado com um ordenamento geral que reconhece tal autonomia".[208]

No que tange à limitação da autonomia, há ainda a perspectiva de que a universidade está também "sujeita a constrangimentos de natureza material, cultural e política próprios da qual a instituição se insere",[209] posto que é uma instituição, uma história e dependente de reconhecimento social.

A autonomia universitária compreende um poder de autodeterminação das instituições universitárias, observando a ordem jurídica vigente. Contudo, por ser uma prerrogativa limitada não impede a fiscalização do Estado e/ou das autoridades públicas que dão subsídios a essas instituições. Logo, a uni-

---

[205] RANIERI, 1994, p. 14-15.

[206] CHAUÍ, 2001, p. 204.

[207] RANIERI, op. cit., p. 33.

[208] SAMPAIO, Anita Lapa Borges de. *Autonomia universitária*: um modelo de interpretação e aplicação do artigo 207 da Constituição Federal. Brasília: Edunb, 1998. p. 22.

[209] DURHAM, 2006, p. 82.

versidade "vive sempre a tensão entre sua autonomia e sua necessidade de validação por um poder externo".[210] Espera-se, deste modo, que as "decisões universitárias sejam tomadas pelas próprias universidades".[211] Para Ferreira

> a autonomia da universidade é assim o poder que possui esta entidade de estabelecer normas e regulamentos que são o ordenamento vital da própria instituição, dentro da esfera da competência atribuída pelo Estado, e que este reputa como lícitos e jurídicos.
>
> A autonomia pode ser exercida em diversas esferas [...] pode ser plena ou limitada, segundo sua extensão, e será exercida tanto pela universidade como pelas unidades que a integram (faculdades, escolas, institutos).
>
> A autonomia plena será exercida pela universidade; a autonomia limitada será exercida pelas unidades que a integram. A autonomia plena não significa o poder de tudo fazer, mas ela mesma está condicionada pelos limites com que a legislação a enclausurou, estabelecendo competências privativas e exclusivas tanto para a universidade como para suas unidades integrantes. Cada uma delas tem autonomia no campo de suas atividades específicas exclusivas que não deverão e não poderão ser anuladas pelo poder central da universidade.
>
> Tudo se resume, pois, em uma questão de competências, de atribuição e exercício de competência.[212]

Logo, "a autonomia universitária não significa soberania e, portanto, não exclui formas de controle por parte do poder público".[213] Ferreira, embora conclua todo o exposto até este instante, acrescenta uma divisão na autonomia universitária, colocando as unidades integrantes da universidade como órgãos que também possuem tal prerrogativa.

A única discussão que existe sobre o conceito de autonomia universitária tem pertinência quanto à limitação que pode sofrer, mas não é qualquer limitação que se debate, questiona-se acerca dos limites impostos pelo ordenamento jurídico, se a autonomia deve respeitar apenas a Constituição Federal ou também à legislação infraconstitucional.

Sampaio acredita que a autonomia universitária estaria reservada por competências constantes tanto na Constituição Federal como na legislação federal.[214] No mesmo sentido estão outros autores, entre eles Adilson Abreu Dallari. Em contraposição encontram-se doutrinadores da envergadura de Nina Ranieri e José Alfredo de Oliveira Baracho. Para Ranieri, a autonomia universitária proporciona um tratamento diferenciado à universidade, pois lhe

---

[210] BORGES, Maria de Lourdes. Kant, Derrida, e a idéia de universidade. In: RAMPINELLI, Waldir José; ALVIM, Valdir; RODRIGUES, Gilmar (Org.). *Universidade*: a democracia ameaçada. São Paulo: Xamã, 2005. p. 161-162.

[211] CHAUÍ, 2001, p. 204.

[212] FERREIRA *apud* SAMPAIO, 1998, p. 88-89.

[213] DURHAM, 2006, p. 80.

[214] SAMPAIO, op. cit., p. 89.

dá "[...] capacidade legislativa, e lhe garante, via de conseqüência, imunidade à legislação ordinária que não tenha natureza diretiva-basilar".[215]

Baracho, na mesma sintonia, pondera que a autonomia universitária se refere "exatamente à capacidade que as Universidades têm garantida pela Constituição de auto-organizar-se e autogerir-se sem a necessidade de lei do Congresso Nacional".[216] Em síntese, Ranieri e Baracho acreditam que a autonomia seria limitada apenas pela Constituição Federal. Já Ferreira e Dallari se colocam junto aos que entendem que a prerrogativa se exercitaria nos limites da legislação infraconstitucional.

De qualquer forma, todos os doutrinadores aqui apresentados, bem como a maioria dos que já se puseram a estudar o conceito de autonomia universitária, possuem a idéia de que o instituto significa uma noção de autogoverno, autonormação, auto-organização e autodeterminação. Obviamente que o exercício da autonomia universitária tem de estar vinculado às suas atividades-fim (ensino, pesquisa e extensão), sendo que todas as idéias de autonomia devem sempre atender a esses objetivos. Assim,

quando se trata de uma instituição específica do Estado ou da sociedade civil, entretanto, a autonomia não confere liberdade absoluta. Instituições existem, são criadas e reconhecidas socialmente para preencherem funções sociais específicas e são estas que as legitimam. A autonomia de que gozam é restrita ao exercício de suas atribuições e não tem como referência o seu próprio benefício, mas uma finalidade outra, que diz respeito à sociedade. Desta forma, a autonomia da instituição é sempre relativa e deve ser definida como o reconhecimento de sua capacidade de reger-se por suas próprias normas no cumprimento das finalidades sociais às quais se destina. São assim, as funções da Universidade que balizam e definem a natureza de sua autonomia.[217]

Enfim, as universidades gozam de autonomia para executar suas finalidades, em estrita observância ao texto constitucional, porém este direito não proíbe o Estado de verificar o uso desta prerrogativa nas atividades que lhes são próprias. É desta maneira que se tem aqui uma exposição do que se pode entender quando se fala sobre autonomia universitária.

3.2. Autonomia universitária no Direito brasileiro

Em que pese alguns doutrinadores divergirem quanto à norma limitadora da autonomia universitária, tal discussão serve para dar impulso a um estudo sobre o que há no ordenamento jurídico brasileiro sobre o assunto. Sendo assim, serão estudadas neste item as normas legais que abordam o tema.

---

[215] RANIERI, 1994, p. 139.

[216] BARACHO *apud* SAMPAIO, 1998, p. 90.

[217] DURHAM *apud* STEINER; MALNIC, 2006, p. 80.

3.2.1. A autonomia universitária na
Constituição Federal de 1988

A Constituição Federal de 1988 é bastante criticada por conter uma enormidade de assuntos, por tratar de temas que não precisavam estar estampados no texto constitucional. Contudo, dentre várias questões abordadas na atual Carta Magna, a autonomia universitária merece atenção, por ser a principal inovação acerca da universidade.[218] Linhares lembra que,

[...] no Brasil, nunca houve nos textos constitucionais anteriores ao de 1988 agasalho explícito à autonomia universitária, sempre regulamentada apenas em lei ordinária.

O grande avanço deu-se, portanto, com o advento da Constituição de 1988, que conferiu à autonomia universitária novo *status*, albergando-a expressamente no seu artigo 207.[219]

"A inclusão da questão da autonomia universitária no corpo constitucional transferiu uma parte importante do debate sobre a Universidade para a esfera jurídica",[220] uma vez que antes de 1988 não se viu nos textos constitucionais qualquer menção à autonomia universitária; o que se via eram apenas disposições acerca da educação como um todo, ou ainda, normas que determinavam competências. Na verdade, o que foi feito na atual Lei Maior brasileira é a "constitucionalização da autonomia universitária, princípio já consagrado anteriormente na legislação ordinária".[221] Segundo Ramos,

não há, porém, uma nova autonomia universitária. O que existe, isto sim, é uma nova realidade no panorama do direito constitucional positivo brasileiro. Se, antes, a autonomia das universidades configurava instituto radicado na lei ordinária – e, portanto, supressível por mera ação legislativa ulterior –, registre-se, agora, pelo maior grau de positividade jurídica que ele se atribuiu, a elevação desse princípio ao plano do ordenamento constitucional. Mas a palavra autonomia continua tendo o mesmo sentido e significado, quer em lei ordinária, quer escrita no texto constitucional.[222]

Entretanto, por mais que o conceito seja uma mera repetição do que já existia na legislação infraconstitucional no passado, é claro que o instituto foi elevado a um novo *status* o que lhe dotou "de uma eficácia derrogatória e irrecusável, e de uma posição de supremacia em relação às leis ordinárias".[223] Ramalhete acrescenta que a "Constituição, no art. 207, adotou linguagem *declarativa*, mas não a que é constitutiva de direito: 'As universidades gozam [...]'".[224] Logo, a Constituição Federal não inovou nesta matéria, não criou um

---

[218] BOAVENTURA, 1997, p. 172.

[219] LINHARES, 2005, p. 17.

[220] DURHAM, 2006, p. 80.

[221] BOAVENTURA, loc. cit.

[222] RAMOS *apud* BOAVENTURA, 1997, p. 173.

[223] BASTOS; MARTINS, 1998, p. 469.

[224] RAMALHETE, Clovis. *Autonomia universitária na constituição de 1988*: estudos e pareceres. Niterói: Patae, 1989. p. 32.

novo instituto ou princípio, apenas declarou sua existência e o elevou a um *status* superior, limitando, assim, a atividade legislativa.

No que se refere à eficácia e aplicabilidade do artigo 207 da Constituição Federal, Bastos e Martins esclarecem que "é uma norma de eficácia plena, dotada de aplicabilidade imediata, e como tal só comporta regulamentação".[225] Quando se fala em norma de eficácia plena e imediata, inicialmente, tem-se como regra que a legislação infraconstitucional não poderá tratar da matéria com o intuito de tolher-lhe o sentido ou seu conteúdo. Porém, este tipo de norma aceita regulamentação, visando dar maior funcionalidade ao seu comando, explicitando seu sentido. Ranieri recorda que "este aspecto não se refere à incidência da norma. Ela incide sozinha. Aceita, porém, regulamentação, embora dela não necessite".[226] Bastos e Brito consideram que "[...] a legislação regulamentadora é marginal, ou de simples contorno, como diques que se levantam para mais rápido e seguro fluir da corrente constitucional. Esta remanesce a mesma, antes e depois da ponência da legislação de contorno, que é de mero revestimento".[227]

O texto constitucional divide a autonomia universitária em várias dimensões, conforme estabelece o artigo 207 da atual Constituição Federal, *in verbis*: "As universidades gozam de autonomia *didático-científica, administrativa e de gestão financeira e patrimonial*, e obedecerão ao princípio de indissociabilidade entre ensino, pesquisa e extensão.[228] (grifo acrescentado)

A autonomia didático-científica diz respeito à liberdade que a universidade possui para dirigir, definir e escolher os métodos de ensino e pesquisa. Está estritamente ligada às funções da universidade, quais sejam, ensino, pesquisa e extensão. Há autores que dividem essa autonomia, sendo a didática uma e a científica outra. Pois bem, mesmo sem se interessar por abraçar quaisquer correntes ideológicas, estudar-se-á a aludida autonomia de forma separada, com o único intuito de melhor compreendê-las.

Didática designa "a técnica de dirigir e orientar a aprendizagem".[229] Assim, a autonomia didática é a que concede às universidades a liberdade para escolher as técnicas que serão utilizadas no processo de ensino-aprendizagem. Todavia, ao mesmo tempo em que possui a liberdade de escolha da metodologia de ensino a ser empregada, este direito implica na responsabilidade de

---

[225] BASTOS; MARTINS, op. cit., p. 467.

[226] RANIERI, 1994, p. 107.

[227] BASTOS; BRITO *apud* RANIERI, 1994, p. 107.

[228] BRASIL. Constituição (1988). *Constituição da República Federativa do Brasil*. Disponível em: < http://www.planalto.gov.br/ccivil_03/Constituicao/Constitui%C3%A7ao.htm>. Acesso em: 14 jul. 2008.

[229] FERREIRA, Aurélio Buarque de Holanda. *Minidicionário da língua portuguesa*. 3.ed. Rio de Janeiro: Nova Fronteira, 1993. p. 185.

oferecer uma educação de alta qualidade, o que, segundo Ranieri, "legitima a interferência do Poder Público na autonomia didática das universidades, como instância superior de contraste do uso adequado daquela liberdade, consoante aos interesses para os quais foi concebida".[230]

Já a autonomia científica, embora também esteja ligada à liberdade do conhecimento, refere-se à liberdade de escolha que a universidade possui para decidir qual será o objeto que pretende pesquisar, independente de pressão externa e despreocupado com repercussões econômicas, exceto, neste caso, a determinação exposta no artigo 218, § 2º, da Constituição Federal. Durham entende que a autonomia de pesquisa

> [...] consiste na liberdade de estabelecer quais os problemas que são relevantes para a investigação, definir a forma pela qual os problemas podem ser pesquisados e julgar os resultados da investigação por parâmetros internos ou processo de conhecimento, independentemente dos interesses externos que contrariem.[231]

Entretanto, ambas as autonomias, assim como as demais, conforme já visto, não são absolutas, isto é, permitem uma fiscalização do Poder Público, ainda mais aquelas que recebem dotações orçamentárias dos cofres públicos. Desta forma, cabe às autoridades públicas supervisionarem as instituições universitárias para inibirem qualquer tipo de abuso ou desvirtuamento de suas atividades-fim. Para Boaventura,

> uma dimensão da autonomia universitária que não pode ser esquecida é que ela não tem o caráter de uma liberdade total. A liberdade acadêmica [científica] não é uma faculdade incondicionada, sem norma e sem limite. Ora, sendo a universidade uma instituição que pertence à sociedade e está vinculada aos organismos que a mantém, está sujeita a certas limitações em sua liberdade de ação, de funcionamento, em razão mesmo dos objetivos que executa. Dessa forma, embora seja admitindo a autonomia, como condição da garantia da liberdade acadêmica, não se pode deixar de aceitar, por um lado, uma certa presença do Estado por intermédio dos seus órgãos de controle, como no caso do Brasil, os Tribunais de Contas. Essa supervisão do Estado, atuando principalmente do lado dos gastos realizados, não deve transformar-se em dirigismo das atividades universitárias, que tornariam inócuo o princípio da autonomia. A liberdade atribuída à universidade deve ser combinada com a obrigação de prestar contas dos recursos recebidos.[232]

A autonomia administrativa existe para que o ensino e a pesquisa possam ser desempenhados em sua plenitude, pois é por meio desse direito que as universidades se auto-organizam, objetivando atingir suas atividades-fim. Segundo Linhares, "a autonomia administrativa consiste no poder de autodeterminação e autonormação relativo à organização interna da Universidade, ao funcionamento de seus serviços e patrimônios próprios [...]".[233] É com esta

---

[230] RANIERI, 1994, p. 118-119.

[231] DURHAM *apud* RANIERI, 1994, p. 121.

[232] BOAVENTURA *apud* LINHARES, 2005, p. 131-132.

[233] LINHARES, 2005, p. 133.

autonomia que a universidade estará dotada de instrumentos que permitam a ela organizar-se e regular todos os assuntos internos.

Como exemplos de auto-organização existem os departamentos, as unidades universitárias, entre outras, dentro das universidades. Há também, já no que pertence à autonormação, a elaboração de estatutos e regimentos, os quais serão as normas que regerão as condutas práticas no seu interior, sempre respeitando o ordenamento jurídico vigente no país. A Consultoria-Geral da República, em parecer exarado em 16 de dezembro de 1988, resume que a

> [...] autonomia administrativa, de caráter acessório, que assegura à universidade, sempre em função de seu tríplice objetivo institucional [ensino, pesquisa e extensão], capacidade decisória para, de um lado, administrar os seus serviços, agindo e resolvendo, *interna corporis*, os assuntos de sua própria competência, e, de outro, disciplinar as suas relações com os corpos docentes, discente e administrativo que a integram.[234]

A última vertente da autonomia universitária é a gestão financeira e patrimonial, que consiste na competência de gerir os recursos e bens, visando atender os objetivos da universidade. Linhares salienta que uma das maiores conseqüências desta espécie de autonomia está na possibilidade de a instituição universitária preparar um orçamento próprio.[235] De acordo com Boaventura,

> [...] a autonomia de gestão financeira e patrimonial guarnece e possibilita o pleno exercício da liberdade acadêmica, pela administração dos recursos financeiros, dos bens móveis e imóveis, dos bens de capital, construções, máquinas e equipamentos, como também dos materiais de consumo.
>
> Dentro dessa manifestação de autonomia financeira, destacam-se a elaboração da proposta orçamentária e sua execução, a confecção de empenhos e o controle da receita e da despesa, além da aceitação de subvenções, doações e legados. Em todas essas operações, a administração contábil desempenha um papel fundente no ordenamento das despesas.[236]

Cumpre salientar que a autonomia universitária nas universidades federais manifesta-se de maneira diferente das privadas, posto que as privadas, por não dependerem financeiramente do Estado, gozam de uma autonomia maior. As instituições universitárias privadas detêm "plena autonomia institucional (didática-científica, administrativa e financeira)",[237] porém estão vinculadas "às normas gerais que atingem a todas universidades indistintamente",[238] sendo que os atos fiscalizatórios que o Poder Público realiza nas universidades públicas são exercidos pelas mantenedoras. Para Cano, "na maioria dos casos,

---

[234] BRASIL. Consultoria-Geral da República. Parecer SR-78, Brasília, DF, 16 de dezembro de 1988, nota 16, p. 24.585.

[235] LINHARES, 2005, p. 136.

[236] BOAVENTURA, 1997, p. 176.

[237] DURHAM, 2006, p. 84.

[238] ALVIM, Gustavo Jacques Dias. *Autonomia universitária e confessionalidade*. 2. ed. rev. Piracicaba: Unimep, 1995. p. 56.

as universidades privadas gozam, de fato e de direito, de maior autonomia".[239] A autonomia universitária das universidades privadas está no âmbito de seu relacionamento com suas mantenedoras.

De tal modo, vê-se a definição do instituto da autonomia universitária, direito, hoje, agasalhado no texto constitucional, além de visualizar e compreender cada uma de suas vertentes, observando, ainda, as limitações para o seu exercício e a permissão de intervenção estatal.

3.2.2. A autonomia universitária na legislação infraconstitucional

Como se viu, a Constituição Federal de 1988 não criou a autonomia universitária, pois ela já existia na legislação infraconstitucional anterior. Assim, este item pretende estudar a evolução legislativa referente à autonomia universitária, tendo como foco principal a Lei nº 9.394/96, pois "a Lei de Diretrizes e Bases da Educação Nacional procurou definir mais claramente o âmbito da autonomia".[240]

A primeira Universidade no Brasil foi criada no ano de 1920, porém, antes mesmo disso, já havia previsão legal que tratava da autonomia universitária. Foi em 5 de abril de 1911, com o Decreto nº 8.659, que as escolas superiores e faculdades existentes no país obtiveram a citada prerrogativa, quando a lei, além de tratar deste assunto, dedicava-se a regular todo o ensino superior, bem como o ensino fundamental. Ao analisar o aludido decreto, percebe-se que esse se ocupava em conceder apenas a autonomia didática (artigo 6º) e a administrativa (artigo 138). O referido decreto descentralizava a administração do ensino superior brasileiro, porém por não ter se mostrado muito eficaz teve pouco tempo de vigência, fato que fez retornar ao Poder Público o controle total deste nível de ensino.[241]

A autonomia universitária somente voltou a ser concedida em 1931, pelo Decreto nº 19.851 (Estatuto das Universidades Brasileiras), estabelecendo a autonomia administrativa, didática e disciplinar, dentro dos limites impostos pelo citado decreto.[242]

Em 1961 o Congresso Nacional, fundamentado no artigo 5º, inciso XV, alínea "d", da Constituição Federal, elaborou a primeira Lei de Diretrizes e Bases da Educação, Lei nº 4.024. Esta lei estabeleceu expressamente, em seu

---

[239] CANO apud ALVIM, loc. cit.

[240] DURHAM, 2006, p. 81.

[241] BASTOS; MARTINS, 1998, p. 468-469.

[242] TAVARES, André Ramos. Desdobramentos da Norma Constitucional da Autonomia Universitária. *Revista de Direito Constitucional e Internacional*, Revista dos Tribunais, SP, ano 8, n. 32, julho-setembro. 2000, p. 194.

artigo 80, que as universidades teriam autonomia didática, administrativa, financeira e disciplinar. Os parágrafos do artigo 80 discriminavam os âmbitos da autonomia, porém estes dispositivos foram vetados pelo Presidente da República. Segundo Ranieri, apesar das previsões contidas na lei "[...] a autonomia universitária foi sendo gradualmente limitada já desde os primeiros anos de vigência da Lei de Diretrizes e Bases, principalmente com relação às universidades federais".[243]

Com a lei nº 5.540/68, novamente tem-se a concessão de autonomia às universidades, lei que fora criada em pleno regime militar e consolidou os anseios de reforma universitária iniciados em 1964. No tocante à autonomia universitária, destaca-se nesta lei o artigo 3º, que concedia a autonomia didático-científica, disciplinar, administrativa e financeira. Contudo, por mais que a referida lei trouxesse prescrições sobre o instituto em comento, havia também conteúdos normativos que tolhiam ou limitavam a autonomia universitária. Assim, analisando a Lei nº 5.540/68 de forma sistemática tem-se a conclusão de que a autonomia existente era apenas aparente.[244] A Emenda Constitucional nº 1/69 finalizou com os esforços de se conceder a autonomia às universidades, sendo derradeira neste ponto. Ranieri salienta que "em nome desse interesse público, a Emenda Constitucional nº 1/69 e a legislação ordinária que se lhe seguiu, através de mecanismos de controle e contenção, restringiram as possibilidades autonômicas para as universidades".[245]

Após a Constituição Federal de 1988, o ato legislativo de maior impacto e relevância concernente à autonomia universitária é a Lei nº 9.394, de 20 de dezembro de 1996, a qual estabelece as atuais diretrizes e bases da educação nacional. A Lei nº 9.394 é base da educação brasileira e, conseqüentemente, do ensino superior, porém, no que tange à regulação da autonomia universitária, segundo Ranieri, "[...] oscila da simples exemplificação de processos autônomos que já se deduziriam da previsão constitucional".[246] A crítica da doutrinadora não parece razoável, tendo em vista que a lei trata de várias questões correlatas à autonomia universitária, além de deixar claro que não inibe outras atribuições relativas ao assunto.

Ainda sobre a questão, cabe lembrar que os artigos 69, 70 e 71 da Lei nº 9.394/96 "vinculam-se indiretamente à autonomia universitária por tratarem da garantia de manutenção da instituição e de financiamento da realização de seus fins educacionais básicos".[247] Este é um exemplo de que a Lei de

---

[243] RANIERI, 1994, p. 93.

[244] LINHARES, 2005, p. 116-119.

[245] RANIERI, op. cit., p. 100.

[246] Ibid., 2000, p. 215-216.

[247] SAMPAIO, 1998, p. 168.

Diretrizes e Bases não se restringe a um único artigo quando se relaciona com a autonomia universitária. O artigo 53 da Lei nº 9.394/96 é, sem dúvida, o que mais aborda a matéria da autonomia universitária. Dispõe o artigo, *in verbis*:

Art. 53. No exercício de sua autonomia, são asseguradas às universidades, sem prejuízo de outras, as seguintes atribuições:

I – criar, organizar e extinguir, em sua sede, cursos e programas de educação superior previstos nesta Lei, obedecendo às normas gerais da União e, quando for o caso, do respectivo sistema de ensino;

II – fixar os currículos dos seus cursos e programas, observadas as diretrizes gerais pertinentes;

III – estabelecer planos, programas e projetos de pesquisa científica, produção artística e atividades de extensão;

IV – fixar o número de vagas de acordo com a capacidade institucional e as exigências do seu meio;

V – elaborar e reformar os seus estatutos e regimentos em consonância com as normas gerais atinentes;

VI – conferir graus, diplomas e outros títulos;

VII – firmar contratos, acordos e convênios;

VIII – aprovar e executar planos, programas e projetos de investimentos referentes a obras, serviços e aquisições em geral, bem como administrar rendimentos conforme dispositivos institucionais;

IX – administrar os rendimentos e deles dispor na forma prevista no ato de constituição, nas leis e nos respectivos estatutos;

X – receber subvenções, doações, heranças, legados e cooperação financeira resultante de convênios com entidades públicas e privadas.

Parágrafo único. Para garantir a autonomia didático-científica das universidades, caberá aos seus colegiados de ensino e pesquisa decidir, dentro dos recursos orçamentários disponíveis, sobre:

I – criação, expansão, modificação e extinção de cursos;

II – ampliação e diminuição de vagas;

III – elaboração da programação dos cursos;

IV – programação das pesquisas e das atividades de extensão;

V – contratação e dispensa de professores;

VI – planos de carreira docente.[248]

O artigo traz nos incisos I, II, III e IV normas que dizem respeito à autonomia didático-científica, enquanto os incisos V, VI, VII, VIII, IX e X referem-se às autonomias administrativa, financeira e patrimonial. Por fim, o parágrafo único está endereçado às universidades públicas, embora algumas ações também se relacionem com as particulares, pois determina que as universidades, no exercício da autonomia didático-cientíca, adeqüe suas ações às previsões orçamentárias disponíveis.[249] Já o artigo 54, trata exclusivamente

---

[248] BRASIL. Lei nº 9.394, de 20 de dezembro de 1996. Disponível em: <http://www.planalto.gov.br/ccivil_03/LEIS/L9394.htm>. Acesso em: 16 jul. 2008.

[249] SOUZA; SILVA, 1997, p. 85-86.

das universidades públicas e faz referência à autonomia administrativa estudada anteriormente.

A Lei nº 9.394 ainda traz a permissão de estender as atribuições da autonomia universitária às instituições que comprovem alta qualificação para o ensino ou para a pesquisa, conforme § 2º do artigo 54. Sobre isso, poder-se-ia questionar, segundo Ranieri, se a legislação ordinária não estaria em descompasso com a Carta Magna, pois há uma incoerência em utilizar "a expressão 'autonomia universitária' em relação a instituições não universitárias, posto que, a rigor, nos termos do artigo 207 da Constituição Federal, a autonomia é peculiar às universidades".[250] Embora a doutrinadora esteja bem atenta ao risco da concessão de privilégios a instituições não universitárias, o legislador ordinário estendeu a autonomia universitária aos centros universitários e aos CEFET's, conforme o Decreto nº 5.773/06.

Assim, pode-se finalizar uma análise dos instrumentos normativos existentes que se referem à autonomia universitária, vendo seu início na República Velha, especificamente no ano de 1911, até sua consagração na Constituição Federal.

3.3. Autonomia universitária no direito estrangeiro

O presente item irá observar os aspectos e elementos que compõem a autonomia universitária em outros Estados. Note-se que alguns dos Estados apresentados já foram objeto dos capítulos anteriores no que se refere à historicidade da universidade. Assim, tal estudo comparativo servirá como subsídio para a (re)construção de uma autonomia universitária pátria mais rica e com sólidos fundamentos.

Portugal, assim como outros países que serão vistos, insere o instituto da autonomia universitária em sua Lei Fundamental, especificamente, no artigo 76, nº 2, da Constituição da República Portuguesa. Este país, além de consagrar o instituto a um *status* constitucional, garante-o como um direito fundamental, fato que se percebe por estar inserto na Parte I – Direitos e deveres fundamentais – daquela constituição. Igualmente faz a Itália, a qual assegura em sua Lei Fundamental o direito das universidades estabelecerem regras autônomas (artigo 33).

As universidades francesas, por sua vez, não possuem o direito concedido às anteriores. No curso de sua história, percebe-se que o sistema universitário francês foi sempre fortemente controlado pelo Estado, desde as universidades napoleônicas. Em 1968, o governo francês edita a "Loi Faure", lei que tinha como principal objetivo reorganizar o sistema de ensino, conce-

---

[250] RANIERI, 2000, p. 223.

Autonomia Universitária e Direito Educacional

dendo autonomia às universidades. Em janeiro de 1984, essa lei foi substituída pela "Loi Savary", aprofundando, assim, as reformas. Porém, na prática, não foi além na concessão de autonomia universitária, sugerindo, na verdade, um forte intervencionismo estatal. O Senado, em 1993, promulgou uma lei que concedia a possibilidade de organização autônoma às universidades, onde tinha-se, então, uma perspectiva de obter o privilégio da autonomia universitária. Contudo, no mesmo ano a lei foi anulada, em virtude de desrespeito à constituição francesa. Assim, a autonomia universitária na França parece que encontra resistência por sugerir uma ameaça ao seu sistema universitário.[251]

Já na Espanha, do mesmo modo como ocorre em Portugal e na Itália, a prerrogativa da autonomia universitária encontra-se exposta no artigo 27, n° 10, da Constituição da Espanha. Ainda sobre a autonomia universitária, "destaca-se, entretanto, a 'Ley Orgánica 6/2001', dispondo sobre as Universidades",[252] a qual traz dispositivos que detalham o alcance do instituto. Assim, segundo Sampaio, a autonomia universitária no direito constitucional espanhol é dotada de um núcleo que a protege do legislador, tendo o legislador ordinário densificado este núcleo para obter um maior parâmetro de controle.[253] Assim, há questões que podem ser alteradas, outras são inviáveis de serem atingidas, em razão da existência deste núcleo.

A forma como a *Alemanha* trata da autonomia universitária é bastante interessante, pois recebe um *status* constitucional, mesmo não estando expressamente disposto em sua Lei Fundamental. Segundo Linhares,

> [...] embora não haja disposição expressa da autonomia universitária no texto constitucional de sua Lei Fundamental, existe todo um entendimento jurisprudencial e doutrinário no sentido de que a prerrogativa da autonomia universitária deriva da própria dimensão institucional do direito fundamental da liberdade científica.[254]

Na Alemanha, desde a Constituição de Weimar já se tinha preocupação em preservar uma liberdade científica, tinha-se o objetivo de evitar a intervenção legislativa e estatal no campo científico. Com a Lei Fundamental de Bonn, embora não tenha havido expressa menção à autonomia fundamental, a organização universitária protegia a citada liberdade contra o poder estatal e contra o poder interno da própria instituição. Desta forma, a partir da Lei Fundamental de Bonn, a doutrina alemã entendeu que a liberdade científica significava uma autonomia universitária, a qual tinha o objetivo de proteger a liberdade contra ingerências internas e externas.[255]

---

[251] RANIERI, 1994, p. 49-53.

[252] LINHARES, 2005, p. 143.

[253] SAMPAIO, 1998, p. 83.

[254] LINHARES, op. cit., p. 144.

[255] SAMPAIO, 1998, p. 30-43.

As universidades norte-americanas, conforme Lindo, sempre tiveram o direito à autonomia universitária, mesmo as instituições públicas. Isso se deve ao fato de que não há uma lei federal que vincule as universidades, bem como não há uma subordinação ao Estado Federal. Outro fator determinante é a cultura existente dentro destas instituições, que possuem como foco a produção econômica, tecnológica e científica, sendo assim, agentes de transformações sociais.[256]

Da mesma forma que ocorre na maioria dos Estados europeus, os países da América Latina prevêem a autonomia universitária nos seus textos constitucionais, como exemplo há a Argentina (artigo 79, alínea 19), Paraguai (artigo 91), Uruguai (artigos 185, 202 e 203) e no Peru (artigo 31).[257]

Como se vê, parece ser uma tendência moderna a inclusão da prerrogativa da autonomia universitária nos textos constitucionais de vários Estados, tendo em sua maioria uma prévia determinação, na própria constituição, de que a matéria será regulamentada por norma infraconstitucional. O legislador constitucional brasileiro guiou-se no mesmo sentido, prevendo o direito na Constituição Federal e, embora sem clara determinação, delegou à legislação infraconstitucional regular o instituto.

4. Conclusão

Essas considerações que, por ora, foram expostas, não objetivam levar a uma palavra terminal. Visam, pelo contrário, à abertura de novas perspectivas de análise e reflexão sobre o tema.

No que tange à obtenção de um conceito de Direito Educacional, tem-se, agora, a possibilidade de inferir que se está diante de uma disciplina do Direito, por sinal nova e ainda necessitada de mais estudos e sistematização, que ocupa-se com o processo de ensino-aprendizagem, bem como regula as relações entre as partes envolvidas neste processo.

Percebe-se que a disciplina possui suas fontes e seus princípios próprios. Nas fontes encontram-se as leis, a jurisprudência, o costume e a doutrina. A legislação em matéria educacional é extensa, disposta em vários planos no ordenamento jurídico pátrio. A jurisprudência serve como meio de interpretação das normas, sendo tão importante que pode até sobrepor à letra da lei. Em virtude da inevitável falta de sistematização do Direito Educacional, o costume possui grande relevância nesta disciplina, suprindo as omissões existentes na

---

[256] LINDO *apud* RANIERI, 1994, p. 57.

[257] BASTOS; MARTINS, 1998, p. 467.

legislação educacional. Finaliza-se o estudo das fontes com a doutrina, a qual desempenha um papel relevante em todos os ramos do Direito, uma vez que influencia a prática jurídica, além de sugerir alterações legislativas e jurisprudenciais.

Quanto aos princípios do Direito Educacional, sabe-se que são muitos, porém os que ganham maior destaque são os que estão inseridos no artigo 206 da Constituição Federal, isto em razão de possuírem um *status* constitucional.

A Constituição Federal constitui a base normativa estrutural do Direito Educacional, concedendo um caráter de direito fundamental à educação. É na Lei Maior que se encontra a gênese do direito à educação e do dever para com ela, assim como os princípios que a norteiam. O texto constitucional contempla, ainda, o direito à educação como um direito fundamental, espécie de direito social que exige do Estado uma atuação visando sua concretização, nos termos do artigo 6º da Carta Magna.

Analisando o direito comparado, constata-se que o Direito Educacional tem como fonte predominante a lei e a jurisprudência, dependendo da cultura em que esteja inserido, pois nos Estados onde a cultura jurídica é do *common law*, o Direito Educacional é influenciado pelas decisões judiciais, enquanto que nos locais onde prevalece o *civil law* ou a tradição romanística, a legislação é que sustenta a disciplina.

Especificando o estudo com o intuito de abordar o instituto da autonomia universitária, fez-se necessário tecer algumas considerações sobre o ensino superior, especialmente sobre as universidades. Com efeito, foi possível atentar-se que o ensino superior possui uma base legal extensa, dispersa desde a Constituição Federal, até deliberações de órgãos administrativos do Poder Público. As instituições de ensino superior possuem dois critérios de divisão. O critério administrativo leva em consideração as pessoas jurídicas ou físicas mantenedoras das aludidas instituições. Já o outro critério atenta para as prerrogativas acadêmicas, dividindo as instituições em universidades, centros universitários e faculdades, nos termos do artigo 12, do Decreto nº 5.773/06.

De todas as instituições de ensino superior, a universidade é, sem sombra de dúvidas, a mais importante, em virtude da tríplice finalidade que possui, sendo merecedora de receber uma prerrogativa constitucional da autonomia universitária, concedida, exclusivamente, para atender às suas atividades-fim.

A autonomia universitária se sustenta como uma prerrogativa constitucional, alçada a este *status* pela atual Constituição Federal brasileira. Embora já tivesse existido antes nas legislações infraconstitucionais, sua elevação acarretou um maior grau de positividade jurídica, mitigando a atividade legislativa sobre o tema. O legislador ordinário cuida atualmente da regulação da autonomia universitária, nunca se desvirtuando do dispositivo constitucional.

A autonomia transmite a noção de autogoverno, autonormação, auto-organização e autodeterminação, porém é uma prerrogativa limitada, pois deve ser exercitada para atender as atividades-fim das universidades, quais sejam, o ensino, pesquisa e extensão. O direito é desnaturado, se utilizado sem o objetivo de atingir às finalidades referidas, motivo que permite ao Poder Público intervir e se colocar mais presente nas decisões das universidades.

Várias são as dimensões que a autonomia universitária possui no ordenamento jurídico brasileiro. Há a didático-científica, que diz respeito à liberdade de escolher os métodos de ensino e pesquisa, sem a ingerência externa. A administrativa cuida da organização dos assuntos internos da universidade, regulando-os para que seja possível desempenhar as atividades-fim da instituição. Por fim, existe a autonomia de gestão financeira e patrimonial, consistindo na competência para gerir seus recursos e bens.

Viu-se, por fim, que há uma tendência de incorporação do preceito da autonomia universitária nos textos constitucionais, neste sentido encontram-se vários Estados da Europa e da América Latina. As nações que a inserem em suas constituições delegam ao legislador infraconstitucional a tarefa de regular a matéria, ocorrendo de forma expressa ou não.

Referências

ALVIM, Gustavo Jacques Dias. *Autonomia universitária e confessionalidade.* 2. ed. rev. Piracicaba: Unimep, 1995.

ARAUJO, Luiz Alberto David; NUNES JUNIOR, Vidal Serrano. *Curso de direito constitucional.* 5. ed. São Paulo: Saraiva, 2001.

BASTOS, Celso Ribeiro. *Curso de direito constitucional.* 17. ed. São Paulo: Saraiva, 1996.

——; MARTINS, Ives Granda. *Comentários à Constituição do Brasil:* promulgada em 5 de outubro de 1988. vol. 8. São Paulo: Saraiva, 1998.

BOAVENTURA, Edivaldo. *A educação brasileira e o direito.* Belo Horizonte: Nova Alvorada, 1997.

——. A educação na Constituição de 1988. *Revista de Informação Legislativa.* Brasília, ano 29, n. 116. out./dez. 1992.

——. Um ensaio de sistematização do direito educacional. *Revista de Informação Legislativa,* Senado Federal, Brasília, v. 33, n. 131, jul.-set.

——. *Universidade e multiversidade.* Rio de Janeiro: Tempo Brasileiro, 1986.

BORGES, Maria de Lourdes. Kant, Derrida, e a idéia de universidade. In: RAMPINELLI, Waldir José; ALVIM, Valdir; RODRIGUES, Gilmar (Org.). *Universidade*: a democracia ameaçada. São Paulo: Xamã, 2005.

BRANDÃO, Carlos Rodrigues. *O que é educação.* 33. ed. São Paulo: Brasiliense, 1995.

BRASIL. *Conselho Nacional de Educação.* Parecer nº 1.366, da Câmara de Ensino Superior, Brasília, DF, 12 de dezembro de 2001.

——. *Conselho Nacional de Educação*. Parecer n° 218, da Câmara de Ensino Superior, Brasília, DF, 10 de agosto de 2006.

——. *Conselho Nacional de Educação*. Parecer n° 670, da Câmara de Ensino Superior, Brasília, DF, 06 de novembro de 1997.

——. Constituição (1988). *Constituição da República Federativa do Brasil*. Disponível em: <http://www.planalto.gov.br/ccivil_03/Constituicao/Constitui%C3%A 7ao.htm>. Acesso em: 14 abr. 2008.

——. *Consultoria-Geral da República*. Parecer SR-78, Brasília, DF, 16 de dezembro de 1988, nota 16.

——. *Decreto n° 14.343, de 7 de setembro de 1920*. Disponível em: < http://www6.senado.gov.br/legislacao/ListaPublicacoes.action?id=48093>. Acesso em: 26 jun. 2008.

——. *Lei n° 9.394, de 20 de dezembro de 1996*. Disponível em: < http://www.planalto.gov.br/ccivil_03/Leis/L9394.htm>. Acesso em: 2 abr. 2008.

CANOTILHO, José Joaquim Gomes. *Direito constitucional*. Coimbra: Almedina, 2000.

CARNEIRO, David Antonio da Silva. *História esquemática da educação e das universidades no mundo*. Curitiba: UFPR, 1984.

CHARLE, Cristophe; VERGER, Jacques. *História das universidades*. São Paulo: UNESP, 1996.

CHAUÍ, Marilena de Souza. *Escritos sobre a universidade*. São Paulo: Editora UNESP, 2001

DE SOUZA, Paulo Nathanael Pereira; DA SILVA, Eurides Brito. *Como entender e aplicar a nova ldb*: lei n° 9.394/96. São Paulo: Pioneira, 1997.

DI DIO, Renato Alberto Teodoro. *Contribuição à sistematização do direito educacional*. São Paulo, 1981. Tese (Livre-docência) – Faculdade de Educação, USP.

DINIZ, Maria Helena. *Compêndio de introdução à ciência do direito*. 13. ed. São Paulo: Saraiva, 2001.

DO ROSÁRIO, Miguel Barboza; DIEGUEZ, Gilda Korff. *Etmologia*. Disponível em: < http://www.estacio.br/rededeletras/numero19/minha_patria/texto2.asp>. Acesso em: 02 abr. 2008.

DURHAM, Eunice R. A autonomia universitária – extensão e limites. In: STEINER, João E.; MALNIC, Gerhard (org.). *Ensino superior*: conceito & dinâmica. São Paulo: Edusp, 2006.

DURKHEIM, Émile. *Educação e sociologia*. Tradução de Lourenço Filho. 7. ed. São Paulo: Melhoramentos, 1972.

FACHIN, Zulmar. *Direitos fundamentais e cidadania*. São Paulo: Método, 2008.

FAVRE, Fernanda de. *O direito educacional*. Disponível em: <http://www.saraivajur .com.br/doutrinaArtigosDetalhe.cfm?doutrina=590>. Acesso em: 19 mar. 2008.

FERRAZ JUNIOR, TERCIO SAMPAIO. *Introdução ao estudo do direito*: técnica, decisão, dominação. 5.ed. São Paulo: Atlas, 2007.

FERREIRA FILHO, Manoel Gonçalves. *Direitos humanos fundamentais*. São Paulo: Saraiva, 1995.

FERREIRA, Aurélio Buarque de Holanda. *Minidicionário da língua portuguesa*. 3.ed. Rio de Janeiro: Nova Fronteira, 1993.

FREIRE, Paulo. *Pedagogia do oprimido*. 13. ed. Rio de Janeiro: Paz e Terra, 1983.

Fundação Casa de Rui Barbosa. *Cronologia (1849-1889)*. Rio de Janeiro, 1980. Disponível em: <http://www.casaruibarbosa.gov.br/template_01/default.asp?VID_Sec ao=83&VID_Materia=18>. Acesso em 10 maio 2008.

GAMA, Ricardo Rodrigues. *Elementos de direito constitucional*. Leme: Ed. de Direito, 1996.

GOLDSCHIMIDT, Rodrigo. *O princípio da proporcionalidade no direito educacional*. Passo Fundo: UPF, 2003.

IDADE MÉDIA. In: WIKIPÉDIA, a enciclopédia livre, 2008. Disponível em: <http://pt.wikipedia.org/wiki/Idade_m%C3%A9dia>. Acesso em: 29 maio 2008.

IES – Organização Acadêmica. In: SESu – *Secretaria de Educação Superior*. Brasília, 2007. Disponível em: <http://portal.mec.gov.br/sesu/index.php?option=conte nt&task=view&id=651&Itemi d=292>. Acesso em: 29 maio 2008.

——. Disponível em: <http://portal.mec.gov.br/sesu/index.php?option=content&tas k=view&id=651&Ite mid=292>. Acesso em: 29 maio 2008.

INEP – Instituto Nacional de Estudos e Pesquisas Educacionais Anísio Teixeira, 2001. Disponível em: <http://www.inep.gov.br/pesquisa/thesaurus/thesaurus.asp?te1 =31674&te2=38 719&te3=32302>. Acesso em: 3 maio 2008.

JOAQUIM, Nelson. Direito educacional: o quê? para quê? e para quem? *Jus Navigandi*, Teresina, ano 9, n. 693, 29 maio 2005. Disponível em: <http://jus2.uol.com.br/doutrina/texto.asp?id=6794>. Acesso em: 19 mar. 2008.

––––. Educação à luz do Direito. *Jus Navigandi*, Teresina, ano 10, n. 1081, 17 jun. 2006. Disponível em: <http://jus2.uol.com.br/doutrina/texto.a sp?id=8535>. Acesso em: 2 abr. 2008.

KARLING, Argemiro Aluísio. *Autonomia*: condição para uma gestão democrática. Maringá: EDUEM, 1997.

LINHARES, Mônica Tereza Mansur. *Autonomia universitária no direito educacional brasileiro.* São Paulo: Segmento, 2005.

LOUREIRO, Maria Amélia Salgado. *História das universidades.* São Paulo: Estrela Alfa. [19--].

LOURENÇO FILHO, Manoel Bergstrom. *Educação comparada.* 3. ed. Brasília: MEC/Inep, 2004.

LUCKESI, Cipriano Carlos et al. *Fazer universidade*: uma proposta metodológica. 2. ed. São Paulo: Cortez, 1985.

MACHADO, João Luís Almeida. *O que é educação?*: reflexões necessárias sobre essa nobre área de atuação. Disponível em: <http://www.planetaeducacao.com.br /novo/artigo.asp?artigo=781>. Acessado em: 2 abr. 2008.

MALUF, Sahid. *Direito constitucional.* 12. ed. São Paulo: Sugestões Literárias, 1980.

MARQUES, Mario Osório. *Pedagogia:* a ciência do educador. 3. ed. rev. Ijuí: Unijuí, 2006.

MARTINS FILHO, Antônio. *Autonomia das universidades federais.* 4. ed. Fortaleza: Casa de José de Alencar, 2001.

MARTINS, Evandro Silva. A etimologia de alguns vocábulos referentes à educação. *Olhares & Trilhas*, Uberlândia, ano 6, n. 6, 2005.

MARTINS, Sérgio Pinto. *Direito processual do trabalho:* doutrina e prática forense. 27. ed. São Paulo: Atlas, 2007.

MEDINA, José Miguel Garcia. *Execução civil:* princípios fundamentais. 2. ed. São Paulo: Revista dos Tribunais, 2002.

MELLO, Celso Antonio Bandeira de. *Elementos de direito administrativo.* São Paulo: Revista dos Tribunais, 1988.

MIRANDA, Jorge. *Manual de direito constitucional.* tomo IV. 3. ed. rev. e atual. Coimbra: Ed. Coimbra, 2000.

MORAES, Alexandre de. *Direito constitucional.* 16. ed. São Paulo: Atlas, 2004.

MORIN, Edgard. *Educação e complexidade:* os sete saberes e outros ensaios. São Paulo: Cortez, 2002.

MOTTA, Elias de Oliveira. *Direito educacional e educação no século XXI:* com comentários à nova Lei de Diretrizes e Bases da Educação Nacional. Brasília: UNESCO, 1997.

NOGUEIRA, Raimundo Frota de Sá. *A prática pedagógica de Lourenço Filho no estado do ceará.* Fortaleza: Edições UFC, 2001.

NUNES, Pedro. *Dicionário de tecnologia jurídica.* 3. ed. Rio de Janeiro: Freitas Bastos, 1956.

PAIVA, Regina Garcia de. Direito educacional: do fato para o direito. *Gestão Contemporânea,* Porto Alegre, ano 4, n. 4, jan./dez. 2007.

PERRENOUD, Philippe. *Dez novas competências para ensinar.* Tradução de Patrícia Chittoni Ramos. Porto Alegre: Artes Médicas Sul, 2000.

RAMALHETE, Clovis. *Autonomia universitária na constituição de 1988:* estudos e pareceres. Niterói: Patae, 1989.

RANIERI, Nina Beatriz. *Educação superior, direito e estado:* na lei de diretrizes e bases. São Paulo: EDUSP, FAPESP, 2000.

––––. *Autonomia universitária:* as universidades públicas e a constituição federal de 1988. São Paulo: EDUSP, 1994.

REALE, Miguel. *Lições preliminares do direito.* 27. ed. São Paulo: Saraiva, 2003.

SAMPAIO, Anita Lapa Borges de. *Autonomia universitária:* um modelo de interpretação e aplicação do artigo 207 da Constituição Federal. Brasília: Edunb, 1998.

SANTOS, Clóvis Roberto dos. *Direito à educação:* a ldb de a a z. São Paulo: Avercamp, 2008.

SILVA, José Afonso da. *Curso de direito constitucional positivo.* 26. ed. São Paulo: Malheiros, 2006.

SOARES, Maria Susana Arrosa. *A educação superior no Brasil.* Brasília: Coordenação de Aperfeiçoamento de Pessoal de Nível Superior, 2002.

TAVARES, André Ramos. Desdobramentos da norma constitucional da autonomia universitária. *Revista de Direito Constitucional e Internacional,* Revista dos Tribunais, SP, ano 8, n. 32, julho-setembro. 2000.

TRINDADE, André (Org.). *Direito educacional:* sob uma ótica sistêmica. Curitiba: Juruá, 2007.

ULLMANN, Reinholdo Aloysio. *A universidade medieval.* 2. ed. rev. aum. Porto Alegre: EDIPUCRS, 2000.

VIEIRA, Sofia Lerche. *A universidade brasileira nos anos 80.* Fortaleza: UFCE, 1981.

WANDERLEY, Luiz Eduardo W. *O que é universidade.* 9. ed. São Paulo: Brasiliense, 1995.

— II —

Pedagogia, Poder e Direito
Prolegómenos a todo o Direito Universitário futuro

PAULO FERREIRA DA CUNHA[1]

Sumario: 1. Pedagogia e Poderes; 1.1. Pedagogia e Poder; 1.2. Da Melhor Pedagogia; 1.3. Universidade, Mito e Palavra; 1.4. Drama da Educação, Urgência da Cultura; 1.5. Magistério e Magistratura; 1.6. Escola do nosso Descontentamento; 1.7. Professores Privilegiados?; 1.8. A Ilusão das Férias Académicas; 1.9. Consistência das Reformas Universitárias. Um Exemplo; 1.10. Pedagogo *vs.* Investigador?; 1.11. Educação ou Barbárie; 1.12. Sinais de Alarme na Educação; 1.13. Utopia Escolitária; 2. Pedagogia e Direito; 2.1. Pedagogias no Direito; 2.2. Crise da Justiça e Cultura dos Juristas; 2.3. O Nosso Direito ao Direito; 2.4. Os Cursos de Direito e as Novas Avaliações Universitária; 2.5. Pela Universalidade das Faculdades de Direito; 3. Conclusão.

1. Pedagogia e Poderes

Um educador pode muito bem ser aquele sinistro fantasma do nosso sonho infantil
(...) enredando nas suas mãos criminosas esses fios que já não conduzem
compreensão e harmonia pode muito bem dar-nos a liberdade nominal
de um movimento, que tem por centro e lei as
ligações por ele estabelecidas.

Leonardo Coimbra – *A Questão Universitária, p. 16-17.*

1.1. Pedagogia e Poder

Alguma Comunicação social (e não só) tem repetida e ciclicamente colocado os professores sob fogo. Pouco e poucos se têm defendido. Não sei se uma sociedade sã consegue viver maltratando tanto quem a ensina. Importa porém uma reflexão serena e que descubra os porquês *não-ditos*. Evidentemente, quando há um debate público, as motivações, conscientes e inconscientes, são

---

[1] Doutor em Direito pelas Universidades de Paris II e Coimbra. Agregado em Ciências Jurídicas Públicas. Professor Catedrático de Direito.

Pedagogia, Poder e Direito – Prolegómenos a todo o Direito Universitário futuro

plurais, e nem todos se determinam pelos mesmos motivos... Começaremos pelo sector que, na Educação, conhecemos melhor, a Universidade, e pela palavra mágica do momento: *Pedagogia*.

Um dos argumentos mais usados no ataque aos professores tem sido a *Pedagogia*. Ou a sua real ou alegada falta. Contudo, para além de situações clamorosas, que decorrem, no limite, do recrutamento ao invés, não estaremos normalmente perante casos de graves defeitos pedagógicos. Em excessivas ocasiões, trata-se de um argumento que encobre pretensões de controlo pessoal e/ou ideológico: venha de estudantes ou de professores activistas, ou dos poderes ávidos de controlo.

Como *Pedagogia* acaba por ser o que cada um quer que seja, e as mais das vezes ninguém a define, funciona como uma arma de arremesso, e como um tabu: "Nós somos grandes pedagogos; os outros.... nós decidiremos se sim, se não".

Está em causa a liberdade da docência. Ora, é impossível uma verdadeira Universidade sem professores livres. A liberdade docente (a *libertas docendi*, conferindo a cada professor de carreira e quadro um *ius docendi*, direito de ser professor, direito a ensinar livremente: a escolher o programa, a bibliografia, os objectivos, os métodos, o estilo, a avaliação, etc.) não se compadece com policiamentos (...). Esta liberdade, pedra angular da Universidade, anda esquecida por muitos e caluniada por distraídos, burocratas, ditadores e a tal candidatos. E não pode ser defendida por muitos ingénuos e gentes de boa vontade que já não sabem o que seja uma Universidade, porque já ninguém lho ensinou. A verdade é que muitos não distinguem a Universidade de uma má e grande escola secundária (ou talvez de uma escola de artes e ofícios, ou de um curso de formação profissional). A liberdade do professor é contudo o esteio de toda a liberdade e criatividade científicas e o garante da não instauração de qualquer ditadura sob capa pedagógica. E é ela não só compatível com a boa pedagogia, como sua condição. Se fizéssemos funcionar a hierarquia académica (hoje subvertida pela lógica aparelhística) e responsabilizássemos os orientadores pedagógicos legalmente obrigatórios, resolveríamos, em boa medida, a questão pedagógica. Ovo de Colombo, de que ninguém fala. Porque a alguns não convém que sejam pessoas competentes e com provas dadas a contextualizar e, no limite, a avaliar os mais novos.

O abastardamento dos graus e títulos, a elitização plutocrática da entrada na carreira universitária e a constante espada de Dâmocles ameaçando os direitos dos docentes (que em rigor só deveriam mudar no estrito respeito pelos direitos adquiridos) contribuem muito, a montante, para o problema da Pedagogia. Na verdade, quanto mais pessoas incompetentes e incultas promovermos, mais a *massa (a)crítica* tenderá a considerar como boa pedagogia precisamente... uma pedagogia insuficiente, ou má. Mesmo por simples ignorância e impreparação.

Há esperança? Sim. Cremos ainda nas virtualidades de auto-regulação das Universidades, na sua hierarquia académica e na função selectiva do mercado, dentro do razoável. Em consequência, pensamos que deveremos *avaliar*, e também *avaliar as avaliações*. Sobretudo aquelas em que realmente uns, mais bafejados pela sorte política, porque para tal nomeados por governantes, ficam investidos no poder excepcional de julgar outros, na verdade seus colegas, rigorosamente nada mais e nada menos que seus colegas, em rigor. E, se formos ver os *curricula*, algumas surpresas nos esperariam. A pergunta fatal é esta: o que fizeram de científica ou artisticamente (etc.) relevante, que fizeram mesmo, os que se afadigam a vender a sua imagem? Que inventaram? Que publicaram? Que exposições fizeram? Que concertos deram? (conforme as especialidades). A avaliação deve ser científica e objectiva, e jamais uma forma de coonestação de pseudo-valores e reputações e concomitante afastamento daqueles que não pertencem à mesma cor política, ao mesmo credo, ou que simplesmente não prestaram vassalagem, ou cujo nariz desagradou. Esperemos que as anunciadas avaliações internacionais venham a ser claras e isentas, e equitativas, adequadas às especificidades das diferentes Artes, Ciências, Letras, Tecnologias, etc.

E depois há os critérios (...). Se um capítulo em livro alheio valer mais que um livro próprio, ou se este não valer, como deveria ser óbvio, muito mais, então passar-se-á a escrever capítulos de um livro esparsos por livros alheios. Se um livro de recolha de artigos sem mais valer muito mais que umas actas de colóquio, deixará de haver actas de colóquios. Se se exigirem meia dúzia de artigos para concurso, quem tiver um só, mas grande, poderá dividi-lo pelo menos em três, porque não há limite de páginas aos artigos. Mas se houver limite de páginas mínimo, poderão passar a proliferar as transcrições de textos alheios (...). Sempre critérios formais poderão ser subvertidos, e há alguns critérios formais absolutamente sem razão.

A Escola está doente. De males antigos, sem dúvida. E ainda de novos médicos loucos, que abriram o paciente a sangue frio, e já não o sabem sequer voltar a fechar. Entretanto, quando ouvem falar de *Pedagogia*, muitos professores puxam do sentido crítico e já se perguntam: "quanto poder tens, e a que poder aspiras?"

1.2. Da Melhor Pedagogia

Somos tão favorável à mais alta qualidade pedagógica do ensino, que lutamos para que a pedagogia, enquanto instância académica (e complexo e álibi), deixe de ser necessária. Cremos, aliás, que o melhor pedagogo é o que gostaria de não existir como tal. Porque a melhor pedagogia é a que se não vê, mas se respira, naturalmente.

Leonardo Coimbra, figura emblemática da academia do Porto, fundador da sua primeira Faculdade de Letras, não preparava as aulas. Escândalo? Não. Ele vivia as aulas. Toda a sua vida era preparação para todas e cada uma.

Há, realmente, os professores por vocação, que *são* intrinsecamente professores: têm a pedagogia em si mesmos. São aliás os grandes criadores da vera inovação pedagógica. Há, por outro lado, professores que aprenderam a sê-lo, com técnicas, pedagogias lidas e decoradas em manuais, inventadas por outros, e por si mimetizadas. Todos conhecemos professores de fotocópia. Mas quais são aqueles de que, anos passados, nos lembramos, estimamos, e temos saudades? Os que nos debitaram chavetas e resumões, ou os que *eram*, criavam, amavam a ciência?

Gostar ou não gostar de ensinar e de aprender ensinando é um dos indícios seguros do tipo de professor que temos pela frente. Outro é a marca que nos deixam. Professores a quem amamos ou odiamos, e por vezes começamos por odiar e vamos aprendendo a amar são, normalmente, os verdadeiros Pedagogos. Já aconteceu connosco. Os professores melhores nem sempre são fáceis, nem nos fazem a vida fácil.

Professores certinhos, direitinhos, de papinha feita, apontamentinhos e chavetinhas também nem sempre são maus. Descansam-nos do convívio dos génios. São a paisagem plácida em que os criadores se movem.

Mas há professores *que nascem* e professores *que se fazem*. E outros que, apesar da prosápia ou dos vários coturnos, nunca chegam a ser professores. Entra pelos olhos dentro. Pois não é essa a diferença entre a arte e a técnica? Há professores artistas e há professores técnicos. Não há mal nenhum nisso, desde que não se queira a inversão dos valores. Rafael é um génio. Os maneiristas são epígonos. Criticar Rafael (e, pior ainda, criticar Leonardo Da Vinci ou Miguel Ângelo) por não pintar à maneira amaneirada maneirista, ou seja, por não seguir os seguidores, isso é que é escandaloso. *Mutatis mutandis...*

Portanto, é óptimo que os pedagogos se actualizem e estejam atentos aos revolucionadores da pedagogia. Tal como Umberto Eco parodiou a reprovação em concursos à cátedra dos maiores génios,[2] assim também estamos certo de que Leonardo Coimbra, ou, mais perto de nós, esse outro criador excepcional que foi o luso-brasileiro Agostinho da Silva (co-fundador de várias universidades), seriam crucificados pelas vistas acanhadas dos manuais, dos receituários da pequena pedagogia. E pelos inquisidores de turno, esses que se

---

[2] ECO, Umberto. "Concursos para Professores Catedráticos", in *O Segundo Diário Mínimo*, cit., p. 52 ss.

julgam investidos do poder e da magia. Não foi, de algum modo, o que lhes aconteceu já? Hoje, porém, seriam certamente trucidados, um e outro.

Felizmente que há pedagogos no alto sentido da palavra, capazes de serem consciências críticas e auto-críticas. Que, longe de quererem ensinar qualquer um a ensinar tudo a todos, tentam entender e fazer-nos entender os meandros da aprendizagem, da comunicação escolar, da relação docente-discente, mestre-discípulo, e perfilham uma pedagogia plural e não ideológica, não dirigista e não normativa.

Colocar a pedagogia, porém, nas mãos de pedagogos só, é um perigo. Porque, frequentemente, naturalmente (não são enciclopédicos; ninguém o consegue ser), eles não sabem nem sonham os contéudos a ensinar, e as fórmulas pedagógicas precisam de se adaptar a estes. Um colega de outra área, muito diferente da nossa, contou-nos que, salvo erro, poderia haver catedráticos em pedagogia de uma matéria que dela só tenham sido alunos até ao 5.º ano do Liceu antigo (portanto, com apenas 9 anos de escolaridade, e apenas 3 anos de leccionação da matéria em causa). Acreditamos a princípio que só poderia ser exagero da parte dele... mas infelizmente parece que não é.

Não pode haver pedagogia igual para Desenho, História, ou Direito. Cursámos pessoalmente os três cursos. Deus nos livre que estivessem todos aferidos por uma batuta de um único pedagogo, com formação só pedagógica. Seria a maior das catástrofes não os diferenciar, e muito. O interessante e o útil é a diferença entre as formas de leccionação, os rituais, os "tiques" e as "manias" até, de cada um dos cursos. Não somos todos iguais, não podemos ser todos iguais. A própria imperícia pedagógica pode ser pedagógica, se os estudantes forem críticos...

E nós sabemos como as teorias pedagógicas se digladiam entre si. Falar em pedagogia como se fosse uma coisa única, é simplificação, é deformação. É, em grande medida, ou ingenuidade, ou demagogia, em muitos casos.

Interessante seria fazer encontros pedagógicos inter-cursos. Em que cada um pudesse não impor aos outros a sua pedagogia, mas expor a sua experiência. Pessoalmente, ganhámos muito com métodos colhidos em outras pedagogias, como aluno na Faculdade de Letras da Universidade Porto e na Escola Superior Artística do Porto. Para além das nossas casas-mãe, a Faculdade de Direito da Universidade de Coimbra, e a Universidade de Direito, Economia e Ciências Sociais de Paris, Panthéon-Assas, ou Paris II.

O modelo tem de ser outro: não o da imposição anti-pedagógica, "disciplinar" e "hierárquica" de uma pedagogia de poder, para um diálogo entre experiências. O absurdo está à vista: prega-se coordenação e diálogo com os estudantes, mas não raro se pretende impor aos docentes como farão esse

Pedagogia, Poder e Direito – Prolegómenos a todo o Direito Universitário futuro

pretenso diálogo. Importa, pois, troca de experiências e tradições: não para copiar modelos, pura e simplesmente, mas para respirar e podermos inspirar-nos nessa realidade tão esquecida e tão libertadora: saber que *há mais mundos* (...).

1.3. Universidade, Mito e Palavra

A Universidade europeia de hoje anda assombrada de mitos: pedagogia, autonomia, gestão democrática, e o maior mito de todos, verdadeiro guarda-chuva dos mitos: *o processo de Bolonha...*

Sobre Pedagogia falámos já, e lá voltaremos. Vamos encarar agora mais uns tantos mitos. Sempre brevissimamente.

Os mitos funcionam, neste caso, como palavras mágicas rituais, e verdadeiros tabus. Para alguns, são intocáveis. E repetidos, nos discursos, funcionam como santo-e-senha, ou abacadabras. Mas independentemente desse efeito encantatório das palavras, elas devem ainda preservar um sentido. É esse que nos interessa, para além da magia e do *marketing*.

A autonomia universitária tanto pode ser um grande bem como uma nociva ilusão. Se subvertida em simples álibi para alijar as responsabilidades educativas do Estado, só terá efeitos perversos. Se usada apenas em proveito paroquial ou sectário, ou de forma autoritária (para mais livre de controlo do Estado), é o contrário da própria *universalidade* que imprimiu a sua marca no próprio nome de *Universidade*. Tem de repensar-se, sob pena de tudo se desvirtuar.

A gestão democrática das Universidades é fundamental. Tem debilidades, sem dúvida, na sua presente versão, as quais estão a ser exploradas. O actual modelo português distrai excessivamente os docentes das suas funções pedagógicas e científicas – sobretudo nas escolas mais pequenas, em que não raro os cargos sobram. Para impedir ditaduras e favoritismos, deveria introduzir-se nas Faculdades e afins uma gestão profissionalizada especializada, submetida a conselhos supervisores de catedráticos de carreira e nomeação definitiva (quem chegou ao topo é mais livre, porque menos teme; e mesmo assim...). Mas sempre preservando o modelo democrático de separação dos poderes universitários, com vários conselhos eleitos (combinando sufrágio universal e representação dos vários níveis da hierarquia) – e mutuamente equilibrando as suas competências. A concentração dos poderes num director, seja um funcionário de carreira administrativa, seja um docente, é normalmente fatal para a democracia universitária, a menos que ele seja um génio gestor, um sábio e um santo: e há poucos que acumulem essas três qualidades. Conhecemos alguns numa geração mais velha. E detectam-se por estas qualidades: serviço, não arrivismo ambicioso; humanismo, não tecnocracia. Dificilmente os viremos a ter no futuro, porque a furiosa competitividade e o egoísmo e a inveja cada dia imperam mais nas nossas sociedades. Em grande parte fruto do neoliberalismo, mas também muito por culpa da falência da formação para os valores, pelo Estado, os *Media*, a Escola e até a Família. E uma das principais tarefas da Escola seria tentar inverter essa onda de anti-valores. Pode-se ser tecnicamente muito competente. Mas sem valores, é-se um monstro social e pessoal.

Voltemos à questão organizativa. Assim como não se deve concentrar o poder, também o poder universitário não pode cair na rua, permitindo-se que qualquer cargo seja exercido por qualquer membro da comunidade universitária. Um docente no início de carreira, ou numa categoria ainda inicial da mesma, designadamente não sendo do quadro, dificilmente terá autoridade (*auctoritas*) interna e externa para poder assumir altos cargos de gestão e representação. O seu poder será, normalmente, ou só voluntarismo desabrido, ou mera submissão a outros poderes, consoante a sua personalidade e a sua circunstância. Além de que a inexperiência, numa instituição como a universidade, pode provocar danos irreparáveis.

Autonomia é também autonomia científica. Apenas um exemplo: não nos parecia escrito nas estrelas que os cursos universitários portugueses tivessem de acompanhar eventuais abaixamentos de nível de outros países, nomeadamente com a redução do número de anos de estudo em cursos fulcrais e alguns até de dimensão profissionalizante essencial para a comunidade. Deveria ler-se na *Declaração de Bolonha* o que lá se diz e não o que burocratas e economicistas lá quiseram pôr, ou seja, demissão das responsabilidades educativas do Estado, substituindo-as por um não confessado princípio do aluno-pagador: que é, aliás, inconstitucional.

É hoje possível defender ou atacar as melhores e as piores políticas brandindo a excomunhões arbitrárias como "pedagógico / anti-pedagógico", "pró e contra Bolonha". É por isso que uma linguagem sã e desnublada em educação tem de pôr de parte essa luta de estribilhos que só desacredita quem os esgrime, sem provar, sem documentar. Bolonha é magnífica. Mas a verdadeira Bolonha, diremos, apesar de tudo (...).

Seremos capazes de entender que estamos enleados em chavões do "eduquês" (a *língua de pau* dos tecnocratas da educação), e que pensar a reforma da Educação passa por reinventar ou recuperar a nossa própria língua, quer dizer, a nossa própria lógica e a nossa própria "casa do ser" (Heidegger) e do pensamento? Para enfrentarmos os mitos universitários, temos de recuperar a limpidez da palavra. Ela nos devolverá a clareza do espírito.

Pedagogia, Poder e Direito – Prolegómenos a todo o Direito Universitário futuro

1.4. Drama da Educação, Urgência da Cultura

Se a Educação está em crise, é porque a Cultura tem ficado esquecida.

Prescindindo do valor da *cultura pela cultura*, apenas pensando no imediatamente útil: sem cultura não há elites. Sem estas, o mando desumaniza-se. Só pessoas cultas, conhecedoras do Homem, serão capazes de integrar conhecimentos técnicos. Professor inculto é sempre mau professor... Já dizia o General De Gaulle que a cultura geral é a melhor escola de comando.

Leu Kant? Dirija a Fiat – título de periódico italiano (lembrou-o, em Portugal, o Prof. Doutor Fernando dos Santos Neves): cultura aparentemente inútil é utilíssima.

A ideia de que *Letras são tretas* e os artistas são lunáticos é um *cliché* que pode contentar almas simples. Não capta, porém, a realidade em toda a sua subtileza e variedade. Muitos dos grandes génios políticos, financeiros, militares, jurídicos e outros, de grande protagonismo prático, foram gente cultíssima. E se hoje estamos a braços com crise nessas elites é precisamente porque nelas deixou de haver tanta massa crítica culta.

A nossa sociedade, crendo-se educadora, acaba por promover a ignorância. Para ela, o mais elevado estágio da sabedoria já não é sequer a ciência, mas a técnica. E, associada ao poder, a tecnocracia.

A escola é a mais imediata responsável por essa ignorância generalizada, embora a montante estejam Família e Estado. Aquela, absorvida na luta pela sobrevivência, vai-se restringindo a espaço comum de dormida, consumo e televisão: cada vez menos *lar*. Este revela-se pouco capaz de intervir na formação integral. A TV, febre de audiências, resvala em "decadência até ao nível da 'doméstica' de menos de cinquenta anos".[3]

Uma escola em que se impõem muitas matérias e muitos dados, sem promover (em geral: há sempre excepções) a criatividade e a humanidade de cada aluno, fazendo dele um armazém acrítico, umas vezes, ou um *bom selvagem* sem direcção, outras vezes, consoante a crença pedagógica prevalecente, não prepara cidadãos. Manieta até a agilidade da mente e da acção. Uma Senhora Ministra da Educação de Portugal terá falado já em "drama" no ensino secundário? Não será antes tragédia?

A escola deveria ser muito mais formativa e não tanto, como é hoje, demasiado informativa. Estaríamos a criar monstros enciclopédicos de inutilidades a prazo, conhecimentos em breve desactualizados, se a natureza se não vingasse. Na maioria dos estudantes, a memória reage, e esquece a agressão de dados excessivos sem o cimento e o fermento da crítica.

---

[3] PIVOT, Bernard. *Remontrance à la ménagère de moins de 50 ans*. Paris: Plon, 1998.

Além desta, uma grande vantagem da Cultura é que raramente se desactualiza. Os chamados "cânones", os clássicos, as grandes teorias são investimento com futuro, em qualquer área. A formação nos clássicos está já a ser feita em algumas das melhores escolas e faculdades dos EUA (onde há contudo uma grande tradição secundária de incultura e problemas – até visíveis em muitas suas películas cinematográficas), fruto do legado de Mortimer Adler.[4] O seu programa de estudo é um oásis de cultura.

Alcançada a massificação dos conhecimentos técnicos, o que faz alguém sobressair é, evidentemente, não um acréscimo nesses mesmos saberes, mas um domínio das Humanidades e Artes. Quem são as pessoas que realmente brilham, entre iguais em conhecimentos técnicos? Os que com mais rigor, elegância e documentação se exprimem, os que mais cultura deixam transparecer. Porque a cultura é caminho para o espírito e para a grandeza de vistas. Isto em qualquer profissão.

Naqueles negócios em que não tem havido inovações de monta, em que as tecnologias clássicas estão equilibradamente disseminadas nos países desenvolvidos, a vantagem competitiva não se vê pelo trivial técnico, já comum: mas pela arte e pelos recursos humanos, pela responsabilidade social das empresas e pelo empreendedorismo, pela ética dos negócios e por tudo o que se pode chamar *cultura empresarial*, interna e externa...

O clima do capitalismo triunfante e da facilidade hedonista é hostil à Cultura. Não queiramos vê-la imitar o que não é para "sobreviver", tentando mercantilizar-se, ser útil, sedutora, banal, mediática, massificável.

Devíamos, antes de mais, urgentemente acarinhar as nossas Faculdades de Letras e Artes. Já ouvimos quem desejasse o seu encerramento, por não darem lucro e levarem dinheiro dos nossos impostos. Delírio dos delírios, febre morbosa do economicismo. Nesse caso, fechemos alguns países, pois dão prejuízo e contudo cobram os impostos aos seus nacionais. Quantos Estados resistiriam? Vamos abolir, por deficitários, o sagrado e o amor, o belo, o bom e o verdadeiro.

A ironia, porém, é que essa contabilidade superficial está errada. As grandes indústrias do futuro (e por isso os grandes lucros) serão culturais. A menos que haja guerra. Mesmo assim, haverá (glosando Yves Lacoste) que estudar-se Geografia (...),[5] mas não só. As guerras também se ganham com História e Línguas e Culturas. E com *arte*: de Sun Tzu a Clausewitz (...).

---

[4] V., *v.g.*, http://books.mirror.org/gb.sel1990.html. Cf. ainda inúmeros *links* utéis *in*: http://www.thegreatideas.org/links. Cf. ainda, sobre Adler e as questões dos cânones, FERREIRA DA CUNHA, Paulo — *Filosofia do Direito*, Coimbra, Almedina, 2006, p. 267 ss.

[5] LACOSTE, Yves. *La géographie, ça sert, d'abord, à faire la guerre*, 1976, reed., Paris: La Découverte, 1988.

1.5. Magistério e Magistratura

Magistério e *Magistratura* são palavras com a mesma raiz. Professores e Juízes detêm uma legitimidade social especial, que infelizmente nem sempre é entendida em sociedades sem cultura política e jurídica.

Tal como os Magistrados judiciais, os Professores têm a autoridade (*auctoritas*) de quem detém saber, e, por isso, têm obrigação de o transmitir, cultivar, e mesmo venerar, como sacerdotes. Que os juristas eram sacerdotes da Justiça, já o diziam os Romanos.[6] Uns e outros não são entre nós eleitos, mas isso – como deveria ser óbvio – em nada colide com a democracia, que não vive sem elites dela *amigas*.

O jacobinismo guilhotinou Lavoisier, afirmando não precisar a revolução de cientistas. Do mesmo modo, a Comuna de Paris proclamaria o fim dos advogados. Shakespeare coloca na boca de um tirano inglês: "A primeira coisa a fazer é matar todos os causídicos". Um autocrata espanhol deploraria: "Todo o mal nos vem dos togados".

Contudo, Juristas e Professores também já foram prestigiados, obreiros de património simbólico, condutores dos destinos dos países. Esse é aliás o seu grande *crime...* aos olhos de quem os inveja. E ainda são muitos, com recalcamentos complexos e complexados.

Como tudo mudou! Os Professores são hoje periodicamente apresentados como privilegiados e réus sociais, quando são – pelo contrário – uma classe sacrificada, e, nos nossos dias, martirizada e com algo de heróico. Vejam-se apenas as sucessivas agressões físicas de que são vítimas, aparentemente com impunidade *real* dos agressores. Os Juristas também andam estigmatizados de há uns bons anos a esta parte.

Não deixa de ser curioso como há verdadeiros privilegiados, com lucros chorudos e sem aparente mérito especial, que jamais são beliscados. A indignação e o espírito de Justiça são muito selectivos...

Agita-se, por vezes, uma demagogia niveladora. Mas nem uma *sociedade de iguais* poderia funcionar com pessoas formatadas, todas com os mesmos vencimentos, horários, e obrigações formais. Porque nem todos têm os mesmos deveres substanciais.

Alguém pode colocar relógio de ponto num artista? Algum médico pode recusar-se a saltar da cama a altas horas da madrugada quando o seu doente está a morrer? Algum investigador pára de pensar porque está em "férias"?

Fazendo tarefas diferentes, temos de ser tratados com igualdade (e equidade verdadeira), diferenciando-se o nosso tratamento. Porque se dá a picareta ao operário e o professor e o investigador têm de comprar do seu bolso caríssi-

---

[6] D. 1, 1, 1, 1 = ULPIANUS, *lib.* 1 *Institutionum.*

mos livros e outros bens culturais, que são a sua picareta? Para mais livros que em alguns países têm sobre si impostos iguais aos dos produtos de luxo (...).

O princípio deve ser a igualdade, mas matizada com desigualdades derivadas do mérito, do esforço, da formação obtida. Glosemos Rawls: se colocados perante uma situação em que nada soubéssemos da nossa concreta posição social, e das nossas qualidades pessoais (como que tendo descido sobre nós um "véu de ignorância"), reconheceríamos racionalmente que a melhor sociedade assentaria na igualdade de direitos e liberdades para todos, mas distinguiríamos o merecedor de prémio.

Na oficina preparadora da cultura, a Escola, e na da alta cultura, a Universidade, assim como no domínio da chamada "medicina da cultura", o Direito, reina a demagogia. Se não tivermos uma escola capaz de formar e tribunais de julgar, que será de nós? E se não prezamos e acarinhamos quem ensina e quem julga, até quando resistirá o sentido de dever de quem se não vê valorizado? Com Professores e Juristas sem prestígio e consideração social, sem respeito e sem admiração, acabarão por só ir para essas profissões precisamente aqueles que lá nunca deveriam estar. Muito do mal de hoje já vem do enviesamento das vocações.

"Vis escravos sorriem desdenhosamente ao som da palavra 'Liberdade'", disse Rousseau.[7] Quem tem coluna vertebral de cidadão, não se inveja de outros ganharem mais, ou alcançarem mais honras – por mérito. Ou por não entrarem todos a picar o ponto ao mesmo tocar da sineta…

Pesam sobre os não "fazedores" labores inimagináveis pelos demais – mesmo seus colegas que, tendo formalmente as mesmas responsabilidades, na realidade nem os vislumbram…

Aí é que está a *crux* de todas as defesas de classe: há sempre cumpridores e faltosos, e também fundamentalistas pseudo-cumpridores, que apontam o dedo a outros para encobrirem as suas debilidades. Normalmente os inquisidores, pseudo-heróis do trabalho, são dos mais incompetentes.

Como em tudo, há que separar o trigo do joio, e pelos frutos se julgará a árvore. Mas só pode julgar os frutos quem os conheça mesmo, quem seja um verdadeiro e imparcial mestre (*magister*) e juiz: um *magistrado*, afinal.

1.6. Escola do nosso Descontentamento

Democratizar não é massificar. Ao proclamar a Escola e até a Universidade para todos, a sociedade de massas foi inserindo nessa generosa promessa cada

---

[7] ROUSSEAU, Jean-Jacques. *Du contrat social*, III, 12: "de vils esclaves sourient d'un air moqueur à ce mot de liberté".

Pedagogia, Poder e Direito – Prolegómenos a todo o Direito Universitário futuro

vez mais elementos perversos. E contudo é preciso mesmo escola para todos (...). Mas também para cada um. E este ponto é que se esqueceu.

Primeiro foi o abaixamento da exigência, que já é responsável pela formação de muitos professores incultos, sem vocação e sem sensibilidade. Por razões demagógicas e estatísticas, e para poupar o dinheiro a gastar com potenciais repetentes, enveredou-se por essa mistificação.

Reagindo a isso, sem reconhecer o erro, pretende implantar-se *avaliação*. Mas como vai quem não sabe poder passar a avaliar quem sabe, e como vai o concorrente avaliar com imparcialidade quem consigo compete? No primeiro caso, a avaliação só pode ser aferição da popularidade. No segundo, resultado de compromisso ou manifestação de mal-querença. Em ambos os casos, contudo, não se avalia o mérito.

E a qualidade baixará de novo.

Sem uma noção de hierarquia dos saberes, a escola de massas permite que matérias muito pouco importantes se imponham ferozmente nos *curricula* escolares, reclamando a memorização de conteúdos tecnicistas e fátuos, que ocupam tempo e lugar do que interessa e fica. Quem tem perdido têm sido as disciplinas que orientam a Pessoa no mundo, com os outros: as que a localizam na sua existência e no seu problema (Filosofia), no tempo (História), no espaço (Geografia), ou que lhe permitem pensar, exprimir-se e dialogar (Português e Literatura).

Um aluno do 9.º ano de escolaridade tem em Portugal mais de uma dúzia cadeiras, cada qual (sobretudo as que buscam estatuto ou domínio) olhando-se como se fora não a mais importante, mas a única. O resultado não é mais cultura, mas menos: porque o aluno fica sem ter uma noção do essencial e do acessório.

Desarticula-se o saber. Não se ensina uma gramática, mas muitas, e contraditórias (por vezes, cada ano se ensina uma); não se cultiva o gosto pelos textos literários excelentes, mas dá-se um ramalhete de produções da mais desigual qualidade; foge-se sempre dos clássicos; raro se fornece um fio histórico, cronológico e compreensivo; as bibliografias são por vezes parciais; não admira que haja erros nos livros. Pior: a criatividade e o sentido crítico são abafados pela necessidade de os professores *darem matéria*, e de os alunos a deglutirem.

Mas se rareia a ordem, reina a super-abundância: excesso em horas de aulas, disciplinas, matérias a estudar, trabalhos de casa (que mais parecem para os pais: introduzindo um perverso factor de desigualdade), mesmo de visitas de estudo e actividades extra-curriculares (normalmente pagas: de novo a desigualdade).

Os nossos alunos já não usam pastas, mas mochilas pesadíssimas de imensos livros (e caríssimos!), para acabarem por saber muito menos do que é importante: porque a memória vinga-se, e recusa-se. Entretanto, fica a confusão, a falta de critério, a falta de formação: temos cabeças muito cheias (ou nem isso, porque se esvaem), mas mal formadas...

Não são só os saberes formais. São também – gravíssimo – os relacionais. Os nossos adolescentes e jovens estão cada vez mais desamparados: desde logo em exemplos e formação cívica, ética, vivencial. Quem são seus modelos? Heróis, sábios, ou santos convencem cada vez menos. A alternativa são "as modelos" e seus correspondentes masculinos? O que é o bem, a verdade, o belo? O relativismo é o caminho do niilismo... Com uma escola que não *propõe* exemplos, quem pode acreditar e ter esperança?

E depois queixamo-nos do "insucesso escolar" e da droga. Como pode a Escola-linha-de-montagem que temos competir com as prodigiosas fábricas de sonhos falsos e fáceis? Escola paradoxalmente tanto mais incapaz de fazer despertar e entusiasmar quanto pretendeu ser simpática e pedagógica, e não directiva, e sabe-se lá o que mais...

Comecemos pelos professores do Básico e do Secundário. Se não fosse a hipocrisia institucional politicamente correcta que lhes impõe sempre muito entusiasmo, eles diriam o que sofrem e como acham que andam a pregar aos peixes. A medo, alguns confessam-se. Normalmente aos psiquiatras; mas felizmente não só, senão o segredo profissional nos impediria de sabermos a verdade (...).

Quando é que se proclamará que o rei vai nu, que é preciso fazer tudo de novo, proclamando o grito do Ipiranga de quem ensina e de quem quer aprender face aos teóricos e burocratas da educação?

Até lá, com boas ou más notas (questão de estratégia ou de resistência) pelas nossas escolas arrastar-se-ão estudantes entediados, só à espera de sair da prisão.

Quando entenderemos que a escola se tornou na maior maçada de que há memória?

1.7. Professores Privilegiados?

Tem sido repetido, com mais ou menos rudeza, que os professores universitários são uns privilegiados, uns preguiçosos e uns incompetentes. Responsáveis pelo insucesso escolar dos alunos. E pouco menos que indirectos sabotadores da economia, por investigarem alegadas inutilidades, quando deveriam constituir gabinetes de pesquisa ao serviço imediatista das empresas privadas, pagos pelo Estado, e fazendo formação tecnicista dos esquadrões de operários (mais ou menos qualificados) de que as empresas necessitem – para logo, *flexivelmente*, descartarem (...).

A verdade, porém, é que os professores universitários são, em geral, altissimamente formados, trabalhadores e abnegados.

Não há nenhuma outra carreira, pública ou privada, mais árdua, mais longa, mais exigente, mais trituradura, mais geradora de *stress* e de angústia.

Um professor universitário é avaliado formalmente todos os anos pelos seus alunos, e ainda por júris e por orientadores, científicos e pedagógicos, em pareceres, provas e concursos que duram a vida toda.

Um docente universitário em Portugal entra em princípio para a função como assistente estagiário, por concurso que é um verdadeiro "exame", normalmente com entrevista e análise curricular.

Posto à prova durante o estágio, e orientado pedagogicamente, paralelamente tem de se candidatar a provas de aptidão pedagógico-científicas, ou fazer Mestrado: que chegava a durar dois anos de aulas e três para tese. Agora, legalmente, menos (...). E no futuro o Mestrado será a antiga Licenciatura. Mas a exigência mudará também, como é óbvio.

Vencida essa prova, passa a assistente. E tem em regra 6 a 8 anos para fazer doutoramento. Sem o qual vai para a rua.

Doutor já (e as teses em algumas áreas são um calvário), não se pense que tem vínculo: passa a professor auxiliar, e durante cinco (ou dez) anos fica à experiência, podendo no termo dos 10 anos ser mandado embora.

Se consegue nomeação definitiva em auxiliar, nem por isso o seu lugar é do quadro. Para tanto, precisa de abrir vaga para professor associado (e os lugares estão normalmente cheios).

Digamos que morre ou se reforma um colega: Logo muitos outros concorrem ao posto. E então um concurso sem contraditório decide de quem fica com o lugar.

Imaginemos que transpõe esta barreira. Se não tem nomeação definitiva anterior, são mais cinco a dez anos a penar, com a hipótese de mesmo então ser despedido.

Mas agora vem a prova das provas: a Agregação. Durante dois dias, o doutor tem de dar uma aula perante os maiores especialistas catedráticos da sua área, por eles ver passado à lupa o seu currículo e discutido um seu relatório sobre a sua disciplina. No final, a sua sorte era ditada por bola preta ou bola branca. Agora já não: o voto é aberto. Mas receamos que não se tenha melhorado muito.

Passou? Espera agora que morra ou se reforme mais alguém para poder concorrer a catedrático. E então novo concurso documental, sem contraditório, decidirá.

No meio destas barreiras todas, com tantos alçapões e armadilhas, o pobre universitário ganha pouco, muito menos que os seus colegas que são médicos, advogados, engenheiros, gestores, economistas, e outras coisas, e que para tanto não precisaram de ter as notas que ele teve, e muito menos que fazer as teses, os concursos e vénias (e engolir de sapos e elefantes) inerentes à sua carreira. A menos que tenha um qualquer espírito santo que o proteja, faça o que fizer (...).

Em todas as fases está sempre sujeito a ser dispensado, e *nem sequer tinha subsídio de desemprego* até este ano (2008).

Os *despedimentos* na Universidade, por esta via de não renovação de contratos e afins, são já uma realidade.

A inexistência de subsídio de desemprego para os universitários tinha algum sentido. Enquadrava-se num contexto, que não mais existe. Não passava pela cabeça de ninguém dar subsídio de desemprego a uma classe refinada, provinda de estrato social alto, que normalmente escolhia a função universitária por vocação ou desfastio, mas poderia, em geral, viver dos rendimentos. Por outro lado, havia falta de professores e os doutores eram raríssimos. Houve mesmo que permitir a criação desenfreada de universidades privadas pela pressão dos candidatos.

Hoje é totalmente diferente. A profissão democratizou-se ao ponto de se ter proletarizado. Os professores universitários precisam mesmo do ordenado para viver... Não são mais *filhos-famílias* ou senhoras chiques com maridos ou pais ricos. Os sindicatos até se manifestam, e muito bem!

Onde se viu, antes, os "sábios" pedirem subsídio de desemprego? Não era o ócio condição da sabedoria? Agora não é mais. Precisam mesmo de ganhar para viver. A sociedade, contudo, continua a pensar que são ricos, e solicita-os para mil e um trabalhos não remunerados, que eles fazem mesmo, pelo vão prestígio, uns, pela sensação de que têm mais esse dever para cumprir, outros.

O mesmo se diga do 13.º e do 14.º meses. Quem viva à larga de rendimentos, pode achar que se justifica muito que, dadas as más finanças do País ou de uma concreta Universidade, se deva confiscar esse direito. Mas quem está à espera desses meses para pagar o que deve, porque o ordenado mensal não chega, pensa que o tesouro estará mal por outros gastos, que não os desses subsídios, aliás integral parte do seu salário, só que vinda em dois meses do ano.

Privilegiados, os Professores universitários? Sim, *etimologicamente*: vivendo sob *lei privativa*, em muitos sentidos discriminatória e que, no caso da ausência do subsídio de desemprego, também era inconstitucional. Exemplo aliás clássico de inconstitucionalidade por omissão.

1.8. A Ilusão das Férias Académicas

Ainda aqui há uns anos, havia em Portugal férias a sério. Chamavam-se *férias grandes*, e eram-no mesmo. Em tempo e em espaço de vida autónoma.

Nos ensinos básico e secundário, as férias duravam de Julho a Setembro: sem qualquer drama nem sobressalto social. A escola não tinha ainda a função de guardar crianças e jovens para pais e mães trabalharem, trabalharem e trabalharem. Não era ainda jardim infantil, *"guarderia"*, como se diz, ainda melhor, em Castelhano.

Para os estudantes universitários, as férias podiam ir de meados de Junho até princípios de Novembro. Pelo menos, de Julho a Outubro, era normal.

Quatro meses de férias por ano, não são os *Dois anos de férias* de Júlio Verne. As férias tinham um alto valor formativo, em liberdade. Melhor se aprende por vontade que por obrigação...

Esquecemo-nos do que se aprendia nas primeiras lições de Filosofia. Talvez agora não se aprenda... Aprendia-se que a Filosofia nascia do *Espanto* perante o espectáculo do Mundo. Mas que a condição desse espanto, desse maravilhar-se e interrogar-se, era... o *ócio*. Não se trata dessa "ociosidade mãe de todos os vícios" dos moralistas *de turno*. Mas daquilo a que o sábio Séneca chamou "ócio com dignidade".

Pois é apenas da não ocupação premente que pode sair reflexão, cultura, lazer de alta qualidade. Já houve quem defendesse a entrada sem *numerus clausus* na Universidade para prevenir a droga. Hoje o problema não se põe: a demografia resolveu o problema da pior maneira (há cursos que fecham por falta de alunos). Mas não há dúvida que a terapia ocupacional não resolve tudo.

Anda-se a tentar dar muito que fazer a todos, e não se deixa trabalhar quem tem planos, quem produz obra, e contudo já vive imerso em burocracia, papelada e reuniões improdutivas. E os estudantes em estudos supérfluos. Quem trabalha por gosto não deveria ser obrigado a trabalhar. Só quem é preguiçoso e nada faz. Atacando-se todos por igual, ninguém se sentirá feliz, e a produtividade não crescerá...

Entretanto, quando nos desejam agora "boas férias", sempre fazemos uma correcção: "Férias não. Pausa lectiva de investigação".

Os professores não têm férias. Enredados que os fazem passar o ano lectivo, para além das aulas, em coisas de somenos, o único tempo que têm para a investigação acaba por ser o mês de Agosto.

Claro que as famílias justamente reclamam. As famílias daqueles que ainda as têm, porque as escolas, e em particular as universidades, porque instituições totais demencialmente absorventes, são potenciadoras de divórcios:

devia ser coisa sociológica e psicologicamente estudada. E o pobre universitário lá vai para férias pedindo empréstimo ao banco e com uma maleta de livros suplementar... quando não são teses de doutoramento ou relatórios e livros de agregação a ler. Mais que horas extraordinárias, *dias extraordinários, meses extraordinários* (...).

Mesmo os professores que inteligentemente multiplicaram as suas fontes de rendimento e criaram focos de independência (dos que fazem pareceres, exercem clínica, consultoria, etc.) podem ser vistos nas Seicheles ou em Bali de sumo numa mão e noutra teses de 1000 páginas, que irão arguir já em Setembro...

O processo parece já não deixar lugar a nenhuma inovação ou originalidade. Os seus aproveitadores utilizam-no com sabedoria para infernizar. Um exemplo: os estudantes vão ficar sem época de recurso de exames em Setembro, e nem vão esboçar contestação – já é fatalismo.

Teremos universidades super-mercados de aulas, em que se resume a um mês a pausa que permitia aos professores actualizar-se, escrever, fazer viagens de formação e intercâmbio científico. Se a pausa for em Agosto em todos os países europeus, deixa de haver circulação, e o congestionamento agrava-se. Porque não uma escala de férias, decretada pela União Europeia?

Lá vão os professores que trabalham em dedicação exclusiva, condenados a pausa lectiva em Agosto, com quilos de teses e provas tipográficas na bagagem, mas não para Bali nem para as Seicheles.

Professor do Ensino Superior não tem férias... e arrisca-se a deixar de ter vida.

E agora entendemos a razão de não terem tido os docentes universitários em Portugal direito – ao contrário de todas as outras profissões – a subsídio de desemprego. É que não têm emprego, mas entram para um "sacerdócio", e com votos severos. Nem emprego, nem férias. Como poderíamos cair no desemprego? Quando os excluem das universidades, apenas lhes oferecem generosamente um utilíssimo estágio (não pago) na "realidade social".

"Boas Férias", só para quem tem e pode.

1.9. Consistência das Reformas Universitárias. Um Exemplo

Há coisas que o senso comum não alcança. Que apenas inteligências em comunhão com os arcanos conseguem decerto penetrar.

Dizem que o processo de Bolonha, em que as universidades e politécnicos andaram imersos e ainda vão andando, foi feito, entre outras coisas excelentes, para facilitar a circulação de diplomados. Entende-se muito bem. E aplaude-se.

Dizem também que para que possa existir essa circulação é necessária a *legibilidade dos diplomas*. Ou seja, que qualquer um entenda, ao menos no espaço europeu, a que é que corresponde ser licenciado, mestre, ou doutor. Também se entende. E é natural que assim seja.

Dizem ainda que para a legibilidade em causa importa uma reforma da estrutura curricular, para a harmonização dos ciclos e para a uniformização das designações. Aqui, nós, Portugueses, que tínhamos, pelo menos em certas áreas, doutoramentos de altíssima exigência e qualidade, e Mestrados que equivaliam, e em muitos casos ainda hoje equivalem, a doutoramentos que se fazem noutros países (mas obviamente não é uma regra geral), ficamos defraudados. Quem fez o seu Mestrado com labores de Doutoramento não vai agora ser promovido a doutor. Nem o doutor passa a agregado. E por aí fora. É uma grave injustiça, mas, ainda assim, é um sacrifício que se aceita, porque é próprio de quem estuda ser generoso. E, na verdade, os investigadores estão sempre prontos a fazer sacrifícios. Por isso é que não foram para profissões de lucro.

Mas não ficamos por aqui.

Se tudo isto é verdade, se circulação implica legibilidade e se legibilidade obriga a uniformização, como é que, invocando ou não a dita "autonomia universitária" cada Faculdade, pública, privada e concordatária em Portugal parece ter adaptado, por sua conta e risco, o seu plano de estudos ao "ideal" bolonhês?

Como, por exemplo, poderá haver cursos de 3 + 2 anos e outros de 4 + 1 na mesma área? Dir-nos-ão que talvez não deva ou talvez não possa. Mas não deveria ser o Ministério respectivo a decidi-lo?

Voltamos sempre aos nossos exemplos: antigamente, um Médico demorava, sem especialidade, 6 anos a formar. Um Engenheiro, um Economista e um Jurista, 5. As Letras diminuíram para 4 anos as suas licenciaturas creio que à volta do 25 de Abril de 1974... Os Arquitectos chegaram a ter um curso quase de duração indefinida numa das reformas. Não acreditamos que pudessem todos passar para 3 anos. E não passaram. Mas a confusão instalou-se.

Seja como for, era necessário que se tivesse decidido, em consonância com as ordens profissionais, e revendo a legislação pertinente toda ao mesmo tempo.

As Ordens profissionais e afins deveriam pronunciar-se junto do Governo para que ele decidisse quantos anos de frequência universitária com aprovação sucessiva em Portugal são precisos para alguém concorrer aos respectivos estágios profissionais de Médico, Engenheiro, Economista, Jurista, etc.

Neste caso, a autonomia universitária é, mais uma vez, um logro para as Universidades. Pois alguém acredita que, no limite, se houver um curso de...vamos chamar, para evitar melindres, *Ciências Ocultas*...com 3 anos, estudantes e famílias vão investir num outro, com iguais créditos públicos formais, de 6?

E depois não compreendemos como possa haver qualquer mobilidade, equivalência, reconhecimento, quer entre faculdades e escolas portuguesas, quer no estrangeiro, com a anarquia de durações dos cursos, e de conteúdos. Presumimos que noutros países europeus também não há uniformidade (...).

Quando os cursos tinham, para nós, a sua duração "natural", podiam leccionar-se, mais ou menos, as mesmas matérias nas várias Faculdades do País... Começava já a ser complexa, pela pulverização dos objectos de estudo, mas ainda havia alguma "legibilidade".

Assim, pergunta-nos o que resultou desta uniformização que, precisamente, pulverizou as possibilidades.

1.10. Pedagogo vs. Investigador?

O trabalho dos docentes está sob a mira de mil e um poderes e contra-poderes. Cada um mais pronto que o outro a apontar-lhes o dedo e quiçá a porta da rua. E cada um exigindo ou pretendendo deles o preciso contrário do outro.

Entre tantas miras e fogos cruzados, o trabalho de um professor, como cremos ser seu dever de ofício, das suas concepções sobre as suas matérias, é risco real. O professor deveria antes procurar a sombra de uma semiclandestinidade, para não suscitar nenhuma antipatia. Porque mais de simpatias e antipatias vivemos, que de ciência. As avaliações, sobretudo por quem não poderá ser, por seu turno, responsabilizado, designadamente porque o faz de forma anónima, prestam-se a isso. E quem avalia teria de ter competência.

Se um professor for ingénuo e totalmente acreditar no que lhe dizem e no que dele pretendem e exigem (uns e outros, estes e aqueles), caminha a passos largos para a confusão – talvez para a esquizofrenia (...).

Seja-nos permitido reflectir, ainda que telegraficamente, sobre esse curto-circuito mental e vivencial, com algum distanciamento (embora não nos possamos furtar às contraditórias forças que pressionam os docentes, todos).

Limitar-nos-emos, por agora, a apenas um ponto, que tem a ver com o fôlego e estilo do docente no ensino superior, mas não só. Porque as exigências formativas e pedagógicas gerais afinam, mais ou menos, sempre pelo padrão que relataremos. E que é um padrão com dois pesos e duas medidas – pelo menos.

O docente encontra-se sempre entre a espada e a parede.

Por um lado, exigem-se-lhe teses mastodônticas, e nos seus *curricula* (essenciais para o prosseguimento na carreira, condição de sobrevivência nela) ao menos uma *arcana praxis* lhe segreda que têm de figurar obras profundíssimas e portentosas.

Por outro lado, clamam alguns estudantes empenhados e alguns *opinion makers* (e não poucos serão seus "colegas" e "superiores") que mesmo a sumidade das sumidades "científica" tem que fazer *a papinha toda* para que os estudantes não tenham canseiras na aprendizagem.

Exigem-se assim resumos de resumos, e aquilo a que um professor e poeta de muito aguda visão chamou *folies bergères* pedagógicas: fotocópias em vez de livros, chavetas em vez de compreensão profunda, glosadores de quinta apanha em vez de originais, etc., etc. E sobretudo linguagem de quase calão, porque o vocabulário técnico das ciências seria esotérico, e a própria versão culta da língua materna é desconhecida da maioria dos que entram na Universidade.

A solução está num desdobramento de personalidade.

Para os seus superiores e pares, o docente é um pesado investigador, escrevendo em períodos longos e misturando no mesmo texto, de preferência, várias línguas estrangeiras, eivando o texto de neologismos compridos e compostos, e polvilhando-o de várias demãos de notas de rodapé eruditíssimas, referindo pilhas e pilhas de cartapácios, que foi desencantar em viagens de explorador, detective e garimpeiro, pelo Mundo fora. Notas que, para serem bem vistas, têm que quase asfixiar o corpo do texto, deixando-lhe uma bordinha de uma ou duas linhas (ou até nenhuma) enquanto se espraiam por páginas e páginas.

Para os que reivindicam a mágica "pedagogia" (que, como temos dito, é sempre um instrumento de poder), pelo contrário, tudo deveriam ser facilidades. E o professor valeria pela sua flexibilidade nas cambalhotas circenses do agradar ao seu público. Entreter, divertir (...) – tais parecem ser as funções, no limite, da falsa pedagogia que esquece as veras funções da Escola.

E nem falemos de avaliação, por agora!

Claro que os vários e contraditórios defensores dessa magia pedagógica, avisadamente não explicitam o que seria um livro ou uma forma de ensino com maravilhosas qualidades pedagógicas: e assim, qualquer um pode estar mal. O que é o máximo do poder para quem julga.

Falta a esse sistema penal feríssimo, estigmatizador, e na verdade arbitrário e subjectivo (há tantas pedagogias!) um princípio básico: o de que não há crime sem lei penal prévia (*nullum crimen sine praevia lege poenale*).

Quando disserem (taxativamente, com tipo legal bem recordado) em que consiste o crime pedagógico (para já é sobretudo *pecado*: pior ainda), então sim, alguém poderia ser punido por ele.

Até lá, pode ser-se *preso por ter cão e preso por não ter*. O que quer dizer que se vive sem lei.

1.11. Educação ou Barbárie

Ainda não esquecemos a sublevação criminosa em São Paulo, seguida de vandalismo. Nem as vagas de vandalismo em Paris, que sucederiam depois (...). Virá aí uma nova barbárie?

Tudo pode ser visto pelos óculos coloridos do optimista ou pelos desencantado olhar do pessimista. Os velhos do Restelo dirão que são os próprios pilares da nossa civilização a claudicar. E poderão culpar mil *pecados* pelo facto, desde a democracia à abolição da pena de morte. Outros, discípulos de Pangloss, assegurarão que se trata de fenómenos pontuais, erupções normais em sociedades urbanas, mas tranquilizam-nos sempre quanto ao futuro.

Não acompanhamos nem uns nem outros. Acreditamos que estes males não advêm da Modernidade em todas as suas emancipações legítimas, mas tememos que, se nada se fizer contra a pobreza, a exclusão e a falta de alma e incentivo de muitos sectores sociais, a começar pelos jovens, realmente será a catástrofe.

As nossas sociedades pluralistas, sendo as melhores que se conhecem, têm contudo errado profundamente em dois terrenos, aliás conexos, por perigosíssima demissão dos Estados, tão neoliberais, mesmo quando se pintam de outras cores.

O primeiro erro é a incapacidade de integrar socialmente. Não só se não conseguiu ainda uma bem sucedida fórmula de integração de "minorias" nacionais, culturais, de género, ou etárias. Também não se está a alcançar a plena cidadania de quem não encaixa em nenhum dos factores normais de discriminação ou exclusão, mas é, simplesmente, pobre e alheado de saber e poder. O grande problema é a (re)distribuição: da riqueza, sem dúvida; mas também da educação, da cultura e da participação política – todas no mais lato sentido.

O segundo erro é a falência educativa e cultural. Não se adoptou ainda um modelo de educação capaz de criar cidadãos conscientes e politicamente esclarecidos e interventivos, culturalmente formados, e com capacidades técnicas aptas à profissionalização. Se tal se tivesse alcançado, haveria muito menos desemprego, desencanto, droga, violência. Fica-se com a sensação de que a educação que temos serve para muito pouco. E logo os neoliberais vêm dizer que é muito cara. Realmente é cara para o que alcança, para os resultados que consegue; o que não quer dizer que não se deva gastar (bem) ainda muito mais para conseguir muito mais e muito melhor.

Fomos habituados, na nossa formação judaico-cristã, com uns laivos de *hybris* grega, a procurar a culpa. Vamos então à culpa.

A culpa parece-nos pertencer não só ao Estado (que se deveria, desde logo, assumir como educador cívico e deixar-se de complexos manietadores), como dos professores (culpa pela falta de auto-formação; muitos já foram academicamente pouco formados).

Mas (e nisto não há *laxismo*, pelo contrário) há profunda culpa em toda a sociedade enquanto educadora.

A mentalidade *passa-culpas* progride; mas quem se sente com autoridade para corrigir outrem? Mesmo normas da mais elementar urbanidade deixaram de ser óbvias: tais como responder a uma carta, ou cumprimentar na rua um colega (...). Quando há quem se sinta insultado por pequeninos nadas (...).

A nossa sociedade perdeu a noção das proporções. Tudo começa na linguagem, e, nesta, no enquadramento que uns dos outros fazemos, pela palavra: esfaqueia-se por um piropo à namorada, mas há quem se insulte diuturnamente como forma habitual de tratamento. Ignoram-se as subtilezas dos vocativos e dos títulos. As Senhoras não têm calafrios quando as tratam apenas por "Senhora Fulana ou Senhora Beltrana"? Alguém consegue ver-se a si próprio quando é chamado, por uma voz de silicone, por "Senhor utente"? E, numa empresa privada ou instituição pública, quem pertence ao quadro e trabalha no duro, poderá reconhecer-se quando o dizem simples "colaborador"? As expressões não são arbitrárias, nem se acredita que sejam inocentes (...).

Tudo começa na escola, e em Portugal parece não haver coragem de dizer que o vocativo "*Setôr*" (corruptela "Senhor Doutor") é palavra que não existe... Há pequenos nadas simbólicos da degradação de uma profissão nobre, mas que precisa de se dar ao respeito: com dedicação e excelência e não com pose e prosápia ou autoritarismo (a forma actual de as pessoas julgarem que se impõem).

Quantos de nós, perante um(a) garotinho(a) malcriado(a), exercemos o nosso dever cívico de, à falta de pais e autoridades, ao menos lhe darmos um correctivo verbal? Não é um estado de necessidade cívico (e uma obra de caridade moral) corrigir os que erram? Reconhecemos que é hoje também um sinal de coragem. Pois se nem quem tem essa função ousa fazê-lo...

Os bárbaros já estão aí. Somos nós que os criamos e deixamos que proliferem.

1.12. Sinais de Alarme na Educação

Em *Mon oncle d'Amérique*, de Alain Resnais (1980), o cientista Henri Laborit compara seres humanos em crise a ratos agredindo-se em laboratório. Lembramo-nos desta película ao ver, na *Internet*, o já célebre filme da *disputa do telemóvel*.

Para quem não se recorda, tratou-se de um escândalo público nacional em Portugal. Pela publicação de um vídeo feito por um aluno, os portugueses puderam ver o que se passou numa sala de aula de uma escola secundária. Em que uma aluna e uma professora disputaram por um telemóvel. Não nos detemos nos pormenores porque sempre alguém (mesmo não directamente interessados) poderá incomodar-nos pela nossa interpretação, e já temos maçadas que sobrem para termos que defender a minha liberdade de expressão.

É nossa convicção que todos os intervenientes se encontravam visivelmente sob *stress*. Por isso, decerto, ninguém desempenhou o papel que, numa Escola, de si se esperaria.

Na actual escola todos se sentem mal. Não falaremos dos alunos, cujo descontentamento escolar e inadequação comportamental são em boa parte fruto de uma sociedade em que famílias e escolas se estão a tornar incapazes de formar e educar, como temos insistido.

Os professores não conseguem fazê-lo: desautorizados, vexados e desalentados, bode expiatório e alvo de injusta e diuturna desconsideração social. Sendo alguns já *produto* de uma escola pouco formativa.

"Novos cidadãos",[8] traumatizados escolares, olham os professores com desprezo, ódio, inveja (quem diria!) e sempre com enorme incompreensão. Leiam-se os comentários na *Internet*.

O *Professor* representa o que não suportam e não reconhecem, não concebem, não admitem.

Não reconhecem autoridade. Os novos cidadãos estão magnetizados pelos poderes, rastejam diante deles. Mas autoridade (*auctoritas*, não *potestas*), não suportam. Ela é sempre a sombra perturbadora de uma débil legitimidade. É terrível haver dessas testemunhas. São muito incómodas (...). Representam um *fumus* da própria consciência embotada, laxista ou cauterizada.

Não concebem compostura e dignidade sem dinheiro. Os professores são, em geral, *pobres mas honrados*. Tal prova que se pode viver de cabeça levantada e camisa lavada sem se ser um *serial killer* profissional.

---

[8] Para esta expressão inspiramo-nos na notícia de que no Leste europeu re-capitalizado, pelo menos em alguns países, se chama aos novos ricos "novos romenos", "novos russos", etc... Não se tratando apenas de novo-riquismo há um espírito semelhante que nos fez usar esta expressão. Assim como a de "novos pais"...

Não admitem quem saiba. Os novos cidadãos acham que sabem tudo. Para quê professores? Na sua imensa petulância, os ignorantes jamais reconhecem que não sabem. Pois se agora até avaliam os professores, é claro que estes são seus lacaios, pagos por propinas e/ou impostos.

Estes "novos cidadãos" estão ocupadíssimos. Independentemente da fortuna, uma ideologia os une: utilitarismo, cretinismo, consumismo, cinismo, materialismo (...). Veneram o deus *Cifrão*, e *puxam da pistola quando ouvem falar de Cultura.* Terão acaso cultura os mais bem sucedidos na sociedade actual? Dinheiro e poder, isso sim.

Arriscamo-nos a perder sensibilidade, *brandos costumes*, hospitalidade, convivência interacial, etc. O egoísmo dos novos cidadãos está a corroer-nos a compleição moral. Tal como a Inquisição foi minando o nosso velho amor à Liberdade (e novas inquisições, como a PIDE – Polícia secreta de Salazar – , continuaram o caminho) hoje, a inversão de valores, motivada pela anti-ética do sucesso a todo o custo (ou, para os pobres, a sobrevivência dê por onde der), está a matar as defesas imunitárias da moral e das maneiras.

Somos todos culpados:

Acobardamo-nos de dar uma reprimenda exemplar às cenas diárias de rudeza, má educação, falta de solidariedade, que presenciamos.

Não enfrentamos os "novos pais" quando, à nossa frente, mimam e se deleitam com os seus adoráveis pirralhos mal educados, que insultam, empurram, cospem, agridem e até ferram.

Damos sempre razão aos "novos pais" (presas de idílica concepção de família, de conto de fadas), e até os guindamos a algo como *co-gestores* das escolas e avaliadores dos professores novos pais que acham que se as crianças não se tornarem *guerrilheiros urbanos* sociais, sem escrúpulos, ainda acabam nessa *sarjeta social* que é o "ir dar aulas" (...).

Os "novos pais" não educam. Não têm vocação, tempo ou paciência. Cobrem crianças e jovens de presentes, enchem-lhes os bolsos de dinheiro, e depositam-nos nas escolas para não os aturarem. Querem que saiam direitinhos e doutores sem que se lhes exija nada, como jamais lhes exigiram. De há já muito (de antes do 25 de Abril: não esqueçamos) que as nossas escolas entraram no plano inclinado do facilitismo, rumo ao reino da balbúrdia. Muitos professores, por medo, por vergonha, calam-se. E se *abrissem o livro* e contassem, como o fazem aos psiquiatras, o inferno das suas vidas?

Os professores não são imunes ao vírus dos novos cidadãos. E lá vão aceitando os enxovalhos, porque precisam do ordenado. Sabem que colegas e sociedade apontarão sempre o dedo acusador na sua direcção. O pior inimigo de um professor é o seu *caro colega* (...).

Com ignorantes petulantes, que não querem realmente ser educados, iremos naturalmente ter o que merecemos. Incompetência gritante nas profissões, trânsito caótico, relações de trabalho de cortar à faca, e criminalidade crescente são já sinais de alerta.

A seguir será, parafraseando Hobbes, a *guerra de todos contra todos*, em que o homem é *o lobo do homem*. Não se ponha um travão à falta de educação (...). Alguém sonharia há uns anos com uma triste cena de telemóvel no mítico Liceu onde outrora, por augusta escadaria, esvoaçavam gráceis e comportadas meninas?

1.13. Utopia Escolitária

Havia oásis de qualidade naquelas sociedades. Instituições seculares tinham como função guardar o saber e uma certa subtileza das coisas. Nelas, a natural carga de animalidade humana (que os etólogos captaram sem idealismos) era culturalmente filtrada e esmagada nas talas de rituais e regras, muitas delas nem sequer escritas (e assim mais sagradas ainda), que canalizavam a agressividade, impunham regras ao instinto proprietarista, organizavam a hierarquia, e, finalmente, promoviam a solidariedade, em "espírito de corpo".

Não temos ilusões de que fossem sociedades de anjos.

Mas aí a burocracia, mácula tão comum nas organizações, sobretudo a partir de um certo grau de complexidade, tinha a cerviz baixa, servil até, ante o poder do Espírito, das mais altas razões.

Mas aí negócio, negócios e negociatas não tinham sequer lugar. Porque o negócio é a negação do ócio. E nesses santuários se cultuava o ócio digno e criativo. Sem ócio não há progresso: só rotina, obrigação, servidão. Ou esbracejar no vácuo, em correria. Sabemos que a filosofia surgiu do ócio e do espanto que só ele permite.

Mas aí os medíocres (a começar pelos poços de vaidade, pavões contentes e cheios de si), útil pano de fundo para que a qualidade mais brilhe, sabiam o seu lugar. E se acaso algum ousasse, mesmo timidamente, ir além da sua fivela, logo os Apeles da arte, conhecimento e sabedoria, desenvoltamente lhe faziam saber exactamente o seu lugar. Sem complexos. Uma das funções de quem sabe e vale é exercer uma desperta vigilância sobre o fogo sagrado.

Mas aí a incultura, mesmo se mascarada de técnica, ainda que em bicos de pés nos pedestais de poderes, não podia sobreviver. Bastava uma conversa de poucos minutos para detectar o inculto e poucas palavras para lhe indicar o bifurcado caminho: aperfeiçoamento ou rua.

Aí imperava uma compreensão mais profunda das coisas, formação mais subtil, de forma alguma se prendendo com o carácter ancilar (com a relativa importância que lhe é própria) do saber-fazer sem compreender a intimidade do Mundo e sobretudo sem adentrarmento pelo fascínio da discussão eterna sobre a humanidade do misterioso Homem.

Aí, pois, os estudos do Homem eram primordiais. Porque só quem se preocupa com o Homem e entra na grande conversa dos séculos (quem é interlocutor dos filósofos, e, depois, dos cientistas sociais) merece ser chamado *testemunha da verdade.*

Não jogando o jogo da burocracia, do poder, do negócio, nem pactuando com a mediocridade nem com a tecnocracia e outras formas de infra-profissionalismo e até sub-humanidade (porque o poder, o dinheiro, e as malhas da formalidade sem finalidade corrompem), estas instituições, severas na admissão e severíssimas no reconhecimento final dos seus membros, sendo respeitadas (até temidas: pois a qualidade é sempre motivo para respeito quando a sociedade se não se degradou), propiciavam no mundo envolvente a quem nelas se formara um conjunto de benefícios. Benefícios justos, não apenas para os seus usufrutuários concretos, mas também no balanço da sua relação com a sociedade em geral. Na medida em que, senhores de uma admirável formação, estavam aptos a dar ao todo social um contributo da maior valia.

Era normal ir buscar a essas instituições os melhores de entre os dispostos a trabalhar no século, para fazerem ao todo social beneficiar não só dos seus conhecimentos, mas sobretudo do seu espírito. Principalmente da formação de um espírito se tratava. O qual estava apto a enfrentar com muita sabedoria quaisquer desafios concretos da prática.

Talvez possa parecer paradoxal. Mas apesar da desafeição pela burocracia, pelo negócio, pelo nu poder, pela incultura, pela mediocridade, eram precisamente os imbuídos desse espírito de profundidade, de procedimento com sentido, de desinteresse, de ser e não de ter ou de mandar, etc., de todos os mais qualificados para lidar com os opostos da sua formação.

Habituados a compreender o quão vão é o poder, quão limitada é a burocracia, quão vil pode tornar-se o negócio, este escol, esta elite, estava preparada:

Para exercer o poder, sem a ele se apegar e sem se dementar com o mando.

Para comandar a burocracia, humanizando-a e ensinando-lhe mais flexibilidade e mais inteligência.

Para desenvoltamente negociar sem ser negociante.

Para lidar com a mediocridade e a mesquinhez (...).

Pergunto-me, com nostalgia dessa terra-outra: Haverá nas nossas sociedades algo que possa comparar-se a estas instituições? E não seria útil que houvesse?

2. Pedagogia e Direito

*(...) i nostri discenti diventano dottori senza aver mai veduto un caso vivo del diritto.
Noi insegniamo loro qualcosa che somiglia alla fisiologia o alla patologia:
comincio ad essere meno certo che vi sia tra i nostri insegnamenti uno
che corrisponda al concetto dell'anatomia: in ogni modo alla clinica
è fuor di questione che non si pensa nemmeno (...).*

Francesco Carnelutti, *Clinica del diritto,*
Istituto Veneto di Scienze Lettere ed Arti, 1935

2.1. Pedagogias no Direito

Nunca foi tão certo o dito estadunidense segundo o qual "Quem não sabe, ensina".

Entendamo-nos. É preciso saber para ensinar. Não se pode ensinar Direito sem se saber Direito. E, sabendo-se Direito, ensiná-lo decorre naturalmente, com algumas regras colhidas dos Mestres, por tradição, adaptadas à evolução dos tempos pela necessária vocação docente e pelo imprescindível bom senso.

Contudo, há quem, sem conhecer o que ensinamos, critique como o fazemos.

A crítica é livre, mas há críticas e críticas. Seriam bem-vindas novas técnicas que realmente nos melhorassem a aprendizagem. O problema é que, muitas vezes, a crítica leva veneno no bico. Que propõe alternativamente? O nulo, o consabido, ou o simplesmente impraticável e demagógico. Mas entretanto critica e deixa marcas...

Aos teóricos da "pedagogia" que nunca deram aulas (ou que as deram mal ou já há muitos anos, ou em situação protegida), aos burocratas da educação, ávidos normalmente de poder, que agitam (entre outros) o papão da "pedagogia" para dominar os colegas e lisonjear os estudantes, e quiçá ficar impunes às muitas queixas que, de outro modo, deles dariam os seus alunos (quando os tenham), devem os estudantes e os professores conscientes responder.

Pessoalmente, temos um desafio. Já tínhamos um ou dois doutoramentos, quando de novo nos matriculámos na Universidade, cursando um segundo e um terceiro cursos. Esse o desafio aos teóricos: tornem-se estudantes! Venham daí. Se tiverem coragem, desçam das cátedras de marfim, e tenham a humildade de se misturar com os caloiros de 17 anos, para de novo aprender. E sofram o que é sofrer aulas teóricas de duas horas, e egos de professores do tamanho de anos-luz.

Pedagogia, Poder e Direito – Prolegómenos a todo o Direito Universitário futuro

Mas maravilhem-se. Maravilhem-se também com a aventura de ser estudante de novo, de aprender virginalmente uma nova arte ou ciência. Porém, serão capazes?

Desconfiamos que os sisudos pedagogos, sempre sisudos e sempre inspectores, polícias da Escola, nunca amaram realmente o estudo. Têm-no como uma obrigação funcional. Torturaram-se e querem endossar aos outros a sua tortura. Estamos convencido – e não só nós – que muitas reformas educativas são vinganças de antigos maus-alunos.

Numa próxima licença sabática, queríamos aprender mais. E ser caloiro pela quarta vez. É esse o segredo: há Professores que nunca quiseram deixar de ser Estudantes. Por isso, empaticamente, estão do lado destes. Outros, nunca quiseram sequer ser docentes: e só vêem a função como trampolim para o poder, o dinheiro ou a fama. Está aí toda a diferença. Pelos frutos se vê a árvore, e a Pedagogia.

2.2. Crise da Justiça e Cultura dos Juristas

A tão falada crise da Justiça não é apenas uma crise de instituições. É, antes de mais, uma crise dos próprios juristas. Os juristas, como se diria da tradição, começam *a não ser já o que eram* – para glosar um criativo anúncio televisivo (...).

Têm-se verificado mudanças preocupantes no recrutamento dos juristas. E isso reflecte-se no seu comportamento, e este na sua imagem e consideração sociais. De vez em quando, figuras das Ordens dos Advogados (em vários países) lançam o alerta, mesmo para a falta de conhecimentos da língua de candidatos a advogados. E é apenas um exemplo.

Está a começar a haver o que antes seria uma contradição nos próprios termos: *juristas incultos*. A auto-suficiência pedante e triunfante desses juristas incultos (ou *ignorantes*, como lhes chamaria já Tomás de Aquino – num tempo em que, todavia, sabiam bem mais *do que mais importa*) mata por um lado o seu prestígio junto das gentes de cultura, e, por outro, faz definhar o Direito enquanto *filosofia prática* (como lhe chamavam os Romanos). Mas mais, e pior: torna o Direito aquela matéria entediante, maçadora, sem alma e qualidade – coisa de mangas-de-alpaca. Já o grande jurista alemão Rudolf von Jhering (1818-1892) se queixava amargamente deste perder de qualidade e de qualidades do Direito. Hoje deve revolver-se na tumba.

Há, evidentemente, as normais muito honrosas excepções, que não enunciamos aqui, porque seriam meros exemplos que se desactualizam (...).

Mas ainda é muito pouco, e sobretudo muito pouco no oceano da indiferença. Só a interesse pela cultura redimirá o direito. Porque o interesse pela cultura é sinal do interesse pelo Homem.

O jurista como simples burocrata da coacção, mero verbo de aluguer, especialista numa técnica e não mais que numa técnica, subordinado ao poder e aos poderes, aos interesses, enfim, o detentor apenas de um saber-fazer, deixa de estar vocacionado para comandar Homens, porque compreendendo-os pelo seu universalismo (como salientava um Sebastião Cruz, como exaltava um Francisco Puy), e máquinas também nunca saberá dominar (...).

Responsável por essa situação é a presente sociedade de cretinismo tecnológico de que falava Duvigneau, e de barbárie civilizada, como sublinhou Paolo Ottonello,[9] em que o sucesso se mede pela conta bancária, e pelos cadáveres dos adversários como troféus de caça.

Responsável é uma Universidade que, pelo mundo fora, fascinada com os ganhos da sua ligação com o mundo empresarial, esqueça, subalternize e discrimine tudo o que não seja rentável e passível de ser adquirível pelas empresas, as quais, como é óbvio, jamais oferecem "almoços grátis", preferindo adquirir alta tecnologia e alta ciência ao preço barato que os apesar de tudo sempre um tanto distraídos "cientistas" estão ávidos por lhe oferecer. É a moda e é a necessidade. A Universidade tem de ir à frente das empresas; não atrás.

Responsável é, finalmente, pelo mundo fora, a governação de timbre anarco-capitalista (ou neoliberal), que se demite das funções de qualquer Estado e sistematicamente desinveste na Educação, e mais ainda na Educação para o Ser e não para o ter, que se ri das Humanidades e puxa logo da calculadora quando ouve falar de cultura.

Responsável é uma errónea visão tecnocrática do processo de Bolonha, pretendendo fazer de todas as cadeiras cursos breves e transformar as licenciaturas em cursos profissionalizantes, mini-cursos, para que o Estado pague menos. Redundando em que a Universidade seja, de novo, apenas para uns tantos, com posses para tal.

Hoje (vemos isso em alguns filmes – na vida real é mais preocupante) o decorador de leis, ou o especialista em chicana, o *serial killer* do direito, sempre de faca nos dentes, pronto a apunhalar o vizinho, que desconhece as coisas mais elementares, que se ri de quem leu um romance, que de cinema conhece os enlatados com muito sangue e barulho, que nunca entendeu para que servia a filosofia do Direito e outras matérias jurídico-humanísticas, esse vero *primitivo actual* a quem pode ser dada licença para andar à solta a discutir da

---

[9] OTTONELLO, Pier Paolo. *La Barbarie Civilizzata*. Génova: Arcipelago, 1993.

fazenda, da liberdade, da vida e da honra das pessoas, para ganhar dinheiro com o seu infortúnio, acha-se um Senhor. E despreza do alto da sua ignorância todos os que não inveja. E apenas inveja os de sucesso: os que ganham mais que ele, que têm carro melhor, etc. Para esses, o Direito tem tudo a ver com coacção, e da Justiça relembram vagamente uma estátua vendada.

Além do mais, a proliferação de cursos de Direito fez com que, pelo menos em alguns lugares do mundo, menos bons juristas conseguissem chegar até à docência. E aí se regalarem, colocando títulos pomposos nos cartões de visita... Do mesmo modo, tornou-se fácil como nunca, com a globalização, desde logo, o acesso a um diploma de pós-graduação, mestrado, e até doutoramento – por aqui ou por ali (...). Maus doutores baptizarão novos doutores péssimos: a reprodução da má qualidade faz-se em progressão geométrica. E nem sempre as famas das universidades correspondem ao valor real de todos os seus diplomados.

O Direito está muito ameaçado. E mais ainda se a própria Universidade, por esta ou aquela via, começar também a ficar fascinada com o sucesso de quem não pensa e não sente, mas *ganha*. E grita, e mostra as garras, e as ligações, e os empenhos e os pergaminhos.

Pobre Direito se não souber defender-se desse tropel de bárbaros que entram pela porta grande, primeiro, e depois pelas janelas e telhados...

Várias crises, assim, se imbricam e se implicam em cadeia. A montante, a crise da educação e da cultura em geral – onde toda a questão começa. Mais especificamente, a degradação e *deriva tecnocrática* da aprendizagem do Direito e da formação cultural dos juristas. E, na decorrência destas, a crise das instituições jurídicas. Porque, se não pode haver Justiça sem homens justos (como, entre outros, sublinharia S. Agostinho), sendo o Direito autêntica "medicina da cultura", não pode haver bom Direito, Direito de qualidade, sem agentes jurídicos cultos.

Se os próprios juristas se converterem à superficialidade, quem segurará as águas do dique?

2.3. O Nosso Direito ao Direito

A Universidade tem responsabilidades sociais. Não pode furtar-se a ensinar cadeiras estruturantes, sem as quais os respectivos licenciados jamais seriam aptos para as respectivas profissões.

Um Engenheiro, um Químico, um Físico, um Informático conceber-se-ão sem as Matemáticas? Será admissível um Médico que não tenha estudado Anatomia? Um pintor ou um arquitecto poderão formar-se sem nenhumas luzes de Desenho? E se um *Filósofo* nunca houver estudado Hermenêutica?

Ou um Linguista não souber Gramática? E um Filólogo desconhecer a Teoria e História da Literatura?

Receamos que um cirurgião sem Anatomia nos matasse no primeiro corte de bisturi, um engenheiro sem Matemática provocasse curto-circuitos, fizesse explodir fábricas, deixasse cair pontes, um arquitecto mal formado, qual Numeróbis do Astérix, enviesasse casas, e que os Artistas Plásticos e Humanistas, desprovidos dos seus respectivos saberes essenciais, não passassem de *bluff*.

Pois o processo de Bolonha, tão excelente no papel como nas intenções, teve como resultado uma hobbesiana *luta de todos contra todos*. Foi preciso cortar cadeiras, para fabricar mini-cursos, normalmente de 3 anos, a que se chamará licenciaturas… Em casa em que não há pão, debatem-se ideias e contam-se espingardas…

Como os demais, o Curso de Direito diz respeito a todos nós. *É de todos nós*. Sempre algum jurista poderá vir a decidir um dia do nosso dinheiro, do nosso bom-nome, da nossa liberdade, e até da nossa vida. Podemos estar desatentos a que juristas virão a ser formados?

A Licenciatura em Direito foi outrora social e simbolicamente estruturante, produzindo diplomados tão cultos e polivalentes que de entre eles se recrutavam, além do pessoal jurídico, muitos dos nossos melhores políticos, não poucos escritores, excelentes professores, bem sucedidos administradores e gestores de empresas, etc. Arrisca-se, porém, a vir a formar pretensos técnicos de leis, conhecedores de "apenas de algum Direito".[10]

Quando um Francisco Puy considera que "o Direito Administrativo é já mais de meio Direito", e sabendo-se que num Estado de Direito democrático, todo o Direito se subordina à Constituição, pretender-se que devamos ensinar aos futuros juristas pouco mais que o Código de Justiniano, traduzido da tradução alemã, seria uma catástrofe.

Ninguém o pensará fazer, esperemos.

Todas as disciplinas fundantes do Direito se encontram ameaçadas por essa navalha que não elimina o inútil, mas o vital e formativo: as armas de longo alcance dos juristas. Deixando-os míopes na lei em vigor, que logo mudará.

No cepo já estão as cadeiras fundamentais ou humanísticas: históricas, sociológicas, politológicas, criminológicas, antropológicas, e afins.

Restaria a Filosofia do Direito, a grande síntese? É a principal atacada. Em alguns casos, quer-se a sua cabeça, qual troféu. Outros querem comprimi-la num ridículo semestre, antecâmara da guilhotina.

---

[10] SANTOS, Boaventura de Sousa. Surge Bestia. *Revista Crítica de Ciências Sociais*. Coimbra, 1991.

Ora a Filosofia do Direito, com o Constitucional, o Penal e as Obrigações são os quatro pilares da Casa do Direito. E, de todos, a Filosofia do Direito (englobando a Metodologia) é a pedra angular, porque a todos problematiza e fundamenta. A Filosofia do Direito é o lugar da Justiça no Direito. Não do direito simplesmente decorado e obedecido, mas do Direito pensado. É o laboratório que, analisando o Direito que temos, permite pensar um novo Direito mais justo.

Cursos de Direito sem (ou com meia) Filosofia do Direito seriam uma caricatura, um retrocesso imenso. Defraudando estudantes e professores que os escolheram a contar com a sua composição natural.

Ao menos os positivistas tiveram a delicadeza de acabar com a cadeira esperando que morresse o seu último Lente. A extinção positivista não durou: ainda estudante do 3º ano, Paulo Merêa lançou o clamor pelo regresso da cadeira.[11] E conseguiu.

De novo os estudantes mostrarão o caminho? Suspeitam já que o Direito sem a sua Filosofia é mero treino de "burocratas da coacção", "verbos de aluguer".

Na fachada do edifício das *Matemáticas* na Universidade de Coimbra, quem souber grego pode ler: "Não entre aqui quem não souber geometria". Deveríamos gravar nos frontões das Faculdades de Direito: *Daqui não saia quem não souber pensar o Direito*!

E ainda mais fundo, nos nossos corações: sobre o Direito não mande quem não tiver amor à reflexão e à Justiça. E bom senso.

2.4. Os Cursos de Direito e as Novas Avaliações Universitária

Anuncia-se que as novas avaliações universitárias, com o concurso da OCDE, terão em primeira linha de conta a preparação profissionalizante dos cursos. Não podemos estar mais de acordo.

Mas entendamo-nos sobre o sentido dessa profissionalização. Nem todos os universitários, nem todos os pedagogos, nem todos os especialistas de todas as disciplinas estarão de acordo com o que é profissionalização e ensino com vista a ela.

Aliás, um dos grandes problemas com que se tem defrontado o Direito nas Universidades e nas Sociedades de hoje deriva de uma tripla incompreensão do seu papel: demasiados não juristas pedem ao direito ao mesmo tempo

---

[11] MERÊA, Paulo. *Idealismo e Direito*. Coimbra: França & Armenio, 1913 (conferência proferida em 1910), reeditada no "Boletim da Faculdade de Direito" da Universidade de Coimbra, vol. XLIX, p. 285-327, Coimbra, 1973.

de mais e de menos; alguns juristas, ultrapassados, não são capazes de compreender que é preciso acompanhar os tempos novos, sem perder a especificidade; alguns juristas, rendidos a outras racionalidades e poderes, dão de barato todas as tradições e todas as identidades...

Ora o Direito só será útil à sociedade se for ele próprio, e se a compreender, na sua evolução. E nesse contexto se terá de encarar o problema da preparação profissionalizante dos cursos de Direito, que tem de ser interpretado tendo em atenção as especificidades do mundo jurídico: académico e profissional.

Há duas formas de preparação para uma profissão: o ensino das simples técnicas fugazes (que o progresso torna logo obsoletas, em qualquer domínio), e o ensino dos princípios, dos valores, da deontologia e do espírito de uma profissão – ou de um conjunto de profissões, como é o caso do ensino do Direito, que se destina a uma preparação geral para um vasto leque de profissões, jurídicas e até não jurídicas.

Ensinar técnicas, em Direito, é ensinar, por exemplo, a lei vigente. Lei que logo ali vai mudar: todos o sabemos.

Por isso, Von Kirchmanm disse que duas palavras do legislador transformavam em lixo bibliotecas inteiras de saber jurídico. "Está revogado", e não se fala mais nisso...

Por isso, mais do que reclamar dos estudantes muita memorização da lei vigente (que está quase toda na *Internet*), é importante dar-lhe uma formação jurídica (tecnologia, arte, ou ciência de longo alcance e longo prazo). E tal só se consegue compreendendo a lei de hoje no centro da rosa-dos-ventos da formação jurídica fundamental, ou jurídico-humanística. Ou seja, compreendendo a história, a sociologia, a antropologia, a filosofia jurídicas que a explicam hoje e amanhã, e conhecendo outras ordens jurídicas que a interpelam com diferentes soluções para os mesmos problemas, ou com novos problemas.

Mas cuidado: não se pense que toda a técnica é de curto prazo e superficial; há também uma técnica mais profunda, *tecnologia* lhe chamaríamos, que é imprescindível aos juristas – e que curiosamente tem sido muito esquecida. Precisamente a técnica que nos ensina a fazer leis, a bem interpretá-las, e a defender oralmente e por escrito as causas. Ou seja: falta técnica de longo alcance, falta metodologia: nomologia, hermenêutica e retórica. E isso, curiosamente, alguns pretensos muito práticos (satisfeitos com soluções de manga de alpaca e rotina) não sabem, e nem querem ouvir falar. Estas *tecnologias* podem legitimamente integrar-se no património espiritual de uma área do saber: e no caso do Direito são mais *artes* que técnicas. E seria mister que fossem ensinadas com alguma ilustração prática: *"Così il clinico del diritto, come il clinico della chirurgia, opera in presenza del discepoli e, mentre opera, insegna"* – como dizia Carnelutti.

É assim que a compreensão do papel profissionalizante dos cursos de Direito, agora anunciado a par da submissão a avaliações da OCDE, deve ser feita com critério de longo alcance, e não com malha mesquinha e míope. Atendendo à formação e à técnica mais profunda, mais perene e mais útil. Com ilustração prática, mas sem obcecação pela prática apenas.

Tanto melhor se prepara, em Direito, para uma profissão, quanto mais se compreender que o curso de Direito é dos que mais larga banda já tem – e, nesse sentido, pela natureza das coisas, terá que dar uma preparação também de banda larga, e não ensinar apenas os truques e minudências (sempre fugazes) deste ou daquele dos concretos ofícios para que, em geral, prepara.

O curso de Direito não pode substituir nem a Ordem dos Advogados, nem o Centro de Estudos Judiciários, nem as muitas instâncias em que a formação dos juristas é complementada, aí sim, com um intuito especificamente profissionalizante.

É evidente que a *libertas docendi*, a liberdade de ensinar, não contém em si a possibilidade de se preleccionar (como dizem já terá acontecido na Alemanha) um curso de História da Música no âmbito de uma cadeira de Química Orgânica. Contudo, seria o fim da Universidade se, para responder a critérios exógenos, transformássemos as Universidades em pretensas (e só pretensas) "escolas profissionais", arregimentando estudantes feitos simples alunos, consumidores passivos de um enlatado qualquer, preparado por quaisquer iluminados, pretensos tutores do que devesse ser o ensino de uma disciplina. No âmbito das artes, das ciências sociais, das humanidades e do Direito tal seria catastrófico e mesmo feriria a liberdade de ensinar e aprender. Tal seria, aliás, um grave atentado à autonomia universitária, que também só faz sentido com a liberdade de docência e o *ius docendi*. A tentação é grande, até porque se houvesse um grupo de iluminados encarregado de fazer programas nacionais para as cadeiras de todos os cursos, poderia ser também quem viesse a auferir dos direitos de autor dos respectivos livros… e, mais ainda, da tutela ideológica sobre esse grupo essencial na sociedade que são os juristas – tradicionalmente activos em política e cidadania...

E aí, a pretexto de profissionalização, ter-se-ia, mesmo que com pretensa assepsia, a doutrinação. No limite, a *engenharia da alma*. Ora o estudo do Direito não pode ser um aparelho ideológico do poder ou de um contra-poder, não pode ser um discurso legitimador ou desconstrutor único. Tem de ser plural. E esse pluralismo, apenas esse pluralismo, é garante de uma boa formação – que dará profissionais esclarecidos. Jamais um simples técnico ou tecnocrata poderá ser um jurista integral, porque não será, antes disso, um Homem integral. Assim, a melhor forma de encarar o Direito e o seu ensino é promover o pluralismo de formações e de expressão dos seus docentes. Sem a preocupação utópica e formatadora de que um curso seja pretensamente "coerente". A coerência está nesse perspectivismo, nesse pluralismo, nessa liberdade de pensamento resultante de várias visões de vários professores que, depois de terem prestado as suas provas, podem com liberdade definir os seus programas e os seus métodos. Para isso as prestaram. Não para se subordinarem às batutas de super-sábios, que apenas politicamente poderiam ser legitimados... não se vê como o seriam de outra forma. E a política, sendo embora actividade nobilíssima, não pode ser invocada, nem sequer em forma representativa ou democrática, como álibi para calar os que se não conformem com uma visão uniforme das coisas, ou com uma meia pluralidade consentida... ou tolerada.

À "engenharia da alma", que procura invadir o âmago do ser de cada um, que procura dominar os espíritos, e fazê-lo da forma abrupta e massificadora que foi a do estalinismo, no seio do qual nasceu a expressão, deve a Universidade do futuro contrapor a "Medicina da Cultura". O Direito não pode – como admiravelmente explicitou, em *Interesse Público, Legalidade e Mérito,* o Prof. Doutor Rogério Ehrhardt Soares – ocupar-se de tudo; nem a tudo, como Midas na metáfora de Hans Kelsen, contaminar de juridicidade. Há zonas livres de Direito – felizmente! Medicina da Cultura, pois – que é, ao contrário da alma, vera superestrutura. E Medicina no sentido mais preventivo que interventivo, mais profiláctico que terapêutico (embora não olvidando este).

Perante a crise da nossa civilização e da nossa cultura, o Direito, desde logo matéria para gente culta (e não para meros tecnocratas decoradores e repetidores de leis e regulamentos e seus aplicadores canhestros), deve ser tradutor de linguagens, e sanador de conflitos. Deixando incólume a alma para quem dela se deva ocupar...

E a lição do Direito é, como em muita coisa na Universidade, uma lição geral. Por isso, nas avaliações novas, profissionalizantes e de banda larga, julgamos que os juristas se sairão muito bem: porque eles preparam afinal profissionalmente melhor. Preparam mesmo para a mobilidade de emprego, que será o futuro, num mundo de concorrência e de globalização. E prepararão melhor ainda, se aprofundarem o seu estudo das ciências jurídicas fundamentais e da metodologia jurídica. E não apenas em cadeiras autónomas, mas também (sem prejuízo dessa autonomia) como seiva vivificante das disciplinas tradicionais de direito positivo, que são mais que o simples estudo das leis vigentes.

Tal como no processo de Bolonha, vai haver quem queira interpretar esta "profissionalização" no sentido da mais estrita e rasteira tecnocracia. Os

Pedagogia, Poder e Direito – Prolegómenos a todo o Direito Universitário futuro

juristas são especialistas do rigor, e devem ter compromisso com a verdade. Por isso, deverão opor a essas interpretações limitadoras a razão de grandes vistas, as únicas que servirão a sociedade. A sociedade não quer aborrecidos e acanhados burocratas que emperrem o seu funcionamento com mil e uma papeladas e emolumentos, antes paladinos da Justiça que saibam defender quem precisa e agilizar os procedimentos de quem trabalha.

As próprias noções de trabalho e profissão estão em causa, nos nossos dias. Há quem pense que muito trabalha quem muitas horas por dia passa numa repartição (ou numa empresa, ou até numa Universidade...) mudando a ordem de papéis, carimbando impressos, obstaculizando o acesso de intermináveis filas, ou, pior ainda, intrigando ou "fazendo cera"... Para essa concepção de profissão não devem preparar os cursos de Direito. Trabalha quem desenvolve uma actividade produtiva ou criativa, com interesse social – e, desde logo, com interesse cultural, ou medicinal-cultural, como o Direito bem entendido.

Esperemos que estas novas formas de avaliação nos permitam a todos repensar não só o Direito e os seus cursos, como também as profissões e o trabalho. Desde logo no âmbito da Justiça. É que uma questão imediatamente se põe: para que forma de exercício profissional devem as Universidades preparar? Para que o novel jurista triunfe individualmente (e quiçá sem escrúpulos) neste tempo de crise da Justiça, ou para que, sem prejuízo da sua sorte individual, contribua rectamente para a superação geral dessa crise? Eis a questão.

2.5. Pela Universalidade das Faculdades de Direito

As Faculdades de Direito têm de ser faculdades *de todo o Direito*. Ao menos de todo o mais importante.

O Ensino universitário não é meramente técnico. Um colega húngaro, o Prof. Csaba Varga, recordou, ao assinar uma Petição pelo Direito Pensando e pela qualidade dos Juristas que lançámos num momento de crise (http://www.petitiononline.com/juslive/petition.html), as péssimas escolas de leis do estalinismo.

Quer o rebaixamento colectivista quer o anarco-capitalista do ensino do Direito jamais podem dar bons resultados. Os juristas são os "verdadeiros filósofos práticos", como os conceberam os romanos, ou "médicos da cultura", como mais recentemente se diz. Não são nem "engenheiros das almas", nem "verbos de aluguer".

Por isso, os cursos de Direito não podem ser mini-cursos, que começam e logo acabam, ensinando trivialidades. Precisam de fôlego, de respiração, de zonas verdes. Tem que haver tempo para tudo. Um tempo em que crescerá a relva, silenciosamente, e um tempo em que desabrocharão as suas flores e irromperão seus frutos.

O curso de Direito tem de dar uma preparação profunda, que torne o jurista capaz de, com à vontade, enfrentar os desafios do foro, da política, da empresa, da vida. Cursar Direito é preparar-se para as vigílias do *cavaleiro andante da justiça* (não para o imediatismo do *ladrão de estrada*), e formar-se em Direito é sagrar-se seu paladino. Isso implica uma séria, vasta, profunda preparação. Nas mãos dos juristas está muito do destino da Justiça. Têm de ter as melhores armas para a defender.

Por tudo isso é que os cursos de Direito têm de ser abrangentes, e de ter um fundamento humanístico essencial, baseado na Filosofia do Direito. Graves consequências resultarão ainda se se não ensinar a todos os juristas Constitucional, Penal, Obrigações... E também Hermenêutica e Retórica jurídicas, que são a essencial Metodologia do Direito. O básico, ao menos.

Mas há mais. É preciso acabar com a ideia de que se trata de um conjunto de saberes isolados. Ao invés, eles têm um fio e uma hierarquia.

Não esqueçamos que hoje, no Mundo, ao menos teoricamente, proliferam os Estados de Direito *constitucionais*. Então, importa *constitucionalizar* todo o Direito, e fazer valer na realidade quotidiana o princípio da prevalência do constitucional, que é, em muitos casos, derradeira garantia contra os abusos e a esperança de Justiça.

Aceitar a *pirâmide normativa* na teoria obriga à sua aceitação prática... Mas está muito por fazer. No Brasil, por exemplo, alguns esclarecidos magistrados lutam pela crescente constitucionalização do Direito do Trabalho. É uma tarefa de saudar, até pelo facto de se tratar de um ramo sensível, em que a desigualdade de fortuna entre as partes poderia, sem a constitucionalização (e apesar do intrínseco princípio do *favor laboratoris*), fazer perigar a própria justiça das soluções.

Outro ponto em que a universalidade das Faculdades de Direito se faz sentir é no serem, e deverem continuar a ser, escadarias democráticas de acesso a cargos públicos, e até aos mais altos cargos e magistraturas – jurídicas e políticas.

Pretender-se (ainda que com boa intenção, mas de forma provinciana e rendida – ainda que sem o saber – aos poderes centrais e às suas clientelas) que cada Faculdade de Direito deva ensinar *apenas* ou sequer *sobretudo* o "direito local", ou servir somente a "comunidade local" ou "envolvente" é absurdo. É uma contradição com a própria ideia de Faculdade de Direito, com o ideal universitário e um prejuízo efectivo para essas mesmas comunidades, assim menorizadas.

Pedagogia, Poder e Direito – Prolegómenos a todo o Direito Universitário futuro

Seria assim muito empobrecedor não ensinar Comparação de Direitos, Sociologia e Antropologia do Direito, Direitos supranacionais regionais (*v.g.* o Direito da União Europeia), Direito Internacional, Público e Privado, como linguagens de contacto, línguas francas, pontes...

Não sabemos, contudo, o que seria mais catastrófico. Se um curso ensimesmado num território nacional qualquer, sem internacionalização, se um currículo pretensamente inserido num sistema de ensino nacional, e até no espaço europeu que, sob pretexto de corresponder aos apelos locais infra-nacionais, máxime à inserção económica local, acabasse por prescindir de ensinar sequer o Direito nacional em toda a sua dimensão e dignidade.

O que seria, por exemplo, aplicar isso na minha cidade, no Porto, ou no Norte de Portugal?

Há ainda a mitológica fama de que o Norte de Portugal é muito dinâmico e empresarial. Já o foi. Têm migrado muitas empresas para os centros do poder – no País e já fora dele –, e muitas outras enfrentam dificuldades. Um dia se estudará essa rápida metamorfose que nos torna de região rica em problemática, de centro em periferia.

Acresce que aqui (escandalosamente) não há órgãos de soberania para além dos tribunais. Logo, a menos que se venha a mudar o Parlamento para o Porto e a sede do Poder Judicial para Coimbra (como sugeriu em tempos o Prof. Doutor José Adelino Maltez), apenas em Lisboa ficaria o ensino do Direito Constitucional, e o *grande Direito Público*, sob pretexto da sua não inserção na malha local portuense, e até nortenha, de interesses e negócios.

Seria, como é óbvio, obstruir clamorosamente as saídas profissionais aos estudantes dessas localidades, e não treiná-los melhor para as oportunidades que já oferecem.

Tanto mais que muitos empresários, sobretudo quanto mais provincianos (e não só eles), se deslumbram com os ares e as famas de quem vem das capitais, e pior: como as capitais vão concentrando não só o poder como as sedes dos negócios, não tardaria que as Faculdades "das províncias", desertificadas da malha empresarial, passassem a ensinar pouco mais que o direito de propriedade, decerto dos consumidores, e quiçá, à cautela, um direito penal de pequenos furtos – porque grandes fortunas também foram *deslocalizadas* (...). Matérias todas importantes, obviamente, mas que, como se sabe, não são, em si, todo o Direito.

A pretexto de que numa região só há questões de delimitação de terras e ofensas corporais delas derivadas, vai-se a tal restringir o ensino?

Até a velha *alma mater*, a Universidade de Coimbra, estaria em perigo, cremos. Que grandes questões de poder nacional ou de alta Finança aí se jogam? Que sedes de Bancos tem? Que cadeiras lhe ficariam?

122   *Paulo Ferreira da Cunha*

E porque gostamos muito de Lisboa, onde já chegamos a estudar e a ensinar, durante vários anos, desde já advertimos: a capital que se cuide – em breve será, naturalmente, considerada simplesmente *província* pelos cosmopolitas de Bruxelas (...).

Haja visão, sentido histórico e igualdade entre os estudantes das capitais e os das demais cidades nos vários países. Parece que alguns querem já colocar a cabeça no cepo e ainda agradecem, solícitos, na sua assumida *interioridade* ou *periferia* (...).

Mas não é só interna a questão. Começam a soprar ventos de divisão internacional do trabalho universitário. E o risco está em virem dizer-nos que, por exemplo, o talento ou a *bossa jurídica* é privativa dos nacionais do país x ou y... e daí fazerem os nossos estudantes (ao menos terminado um primeiro ciclo de superficialidades) calcorrear, como goliardos, as estradas do mundo em demanda do "verdadeiro" saber. As Universidades nacionais de alguns países, mesmo as das capitais, seriam relegadas para a qualidade de escolas técnicas, sendo as veras Universidades as dos grandes centros mundiais, devidamente subsidiadas para tal. Esse o perigoso passo seguinte.

Temos de reivindicar *o direito ao Direito* na nossa terra: e a *todo o Direito*. E à nossa visão do Direito, que não é uma matemática universal, ou um esperanto sem alma, mas está enraizado nos povos: em cada Povo.

3. Conclusão

No Direito universitário actual o grande problema reside, precisamente, em que seja direito e em que seja universitário. Algumas interpretações e acções, pelo mundo fora, levam-nos a pensar que há poderes e até normas que não são direito – que chegam mesmo a atentar contra o direito e os direitos – e há poderes e normas também que não têm a profundidade, a altura, a serenidade, e a adequação universitárias.

Há por vezes inefáveis direitos da universidade, das faculdades, dos departamentos, dos institutos, e de outras entidades universitárias, e, antes de tudo, de professores e outros docentes, estudantes e funcionários, e há ainda direitos gerais da sociedade relativamente ao mundo universitário que não são respeitados por profundo desconhecimento, por um lado, por perversão economicista das entidades educativas, por outro, e por sede de poder de alguns agentes no terreno, por outro ainda.

Em grande medida tudo se resolveria, por osmose e por repercussão, se muito claramente fossem restaurados e adaptados aos novos tempos alguns direitos do clássico *ius docendi*.

É claro que necessitamos de ter a maior das prudências neste trabalho de desvendamento desses poderes. Ainda há alguns anos, na Europa, havia bastantes professores, sobretudo no topo da carreira, mas não só, que, quais arcas da sabedoria, sabiam as regras e os precedentes para os casos agudos. E os seus alvitres, quando consultados, redundavam em rectas, equilibradas e justas soluções.

A verdade é que nos últimos anos esses séniores, decerto acossados por novas reformas e incomodados muitas vezes pelo arrivismo sem-cerimónia, pediram as suas aposentações, ou chegou-lhes mesmo o limite de idade. E ficamos em muitos casos sem uma geração mais velha e sábia que era factor de moderação e exemplo.

Muitas regras que era óbvias, e que logo esse corpo informal de consultores explicaria se disso fosse caso, passaram a não ser nada evidentes. Regras básicas de hierarquia, competência e até de simples funcionamento passaram a ser postas em causa, não pela razão, mas, as mais das vezes, por motivos de mera afirmação de poder de grupos ou pessoas.

E é assim que hoje o próprio "direito natural universitário" necessita de ser positivado, para que não haja quaisquer dúvidas.

E verifica-se um fenómeno interessante, com não poucas implicações até jusfilosóficas: se até há alguns anos era a rigidez da lei que necessitava de acomodamentos interpretativos que a melhorassem, hoje, perante a perda generalizada de bom senso, e a lógica do poder e da facção tão instaladas, a lei, tal qual é, com toda a sua rigidez, é o último bastião do Direito, e tem de ser defendida com unhas e dentes contra interpretações e aplicações anti-jurídicas. Triunfo do positivismo jurídico? Não. Apenas uma fase de barbarismo crescente. O próprio Michel Villey disse que só aconselhava o direito natural a quem pudesse compreender. E quão longe está o direito natural do decisionismo e do voluntarismo que, animado pelas reformas, pretende tantas vezes impor o simples poder contra a lei!

Felizmente ainda há juristas, e juristas que põem acima dos seus interesses e solidariedades o primado da Lei e do Direito. E, mais ainda, ainda bem que *ainda há juízes em Berlim*. E que nenhum kaiser pode fazer ao moleiro, à sua propriedade, e ao seu direito, o que ditar o seu simples capricho.

Instituição tendente para o "total" (como a caserna, o convento, o hospital...), a Escola corre sempre o risco de que haja quem lhe queira impor uma regra asfixiadora, mesmo que em nome de grande liberdade, pedagogia, inovação, internacionalização, eficiência e ligação às empresas, etc. Por isso é que nas escolas tem de haver mecanismos de equilíbrio entre poderes, em que o poder trave o poder, em que freios e contrapesos não permitam poderes absolutos. Porque o poder burocrático absoluto não se limita a escravizar os tempos e os corpos: evita que a alma respire.

Impressão:
Evangraf
Rua Waldomiro Schapke, 77 - P. Alegre, RS
Fone: (51) 3336.2466 - Fax: (51) 3336.0422
E-mail: evangraf.adm@terra.com.br